『新 経営戦略論 第3版』の体系図

企業環境の変化と日本企業の戦略課題（序章）　　現代企業経営における経営戦略の重要性

経営戦略論の系譜（第1章）　　経営戦略論の理論的な進展

経営戦略論

理念戦略（第2章）

全社戦略（第3章）

事業戦略（第4章）

アライアンス戦略（第5章）

グローバル戦略（第6章）

デジタル戦略（第7章）　　現代企業の経営戦略

戦略実現のためのビジネスモデル（終章）

JN089111

21世紀経営学シリーズ 3

〈第3版〉

新 経営戦略論

寺本　義也　編
大森　信

学 文 社

執 筆 者

*寺本　義也　ハリウッド大学院大学副学長・教授（序章・第2章・終章）

*大森　信　大手前大学 教授（第1章・第3章）

曽根　秀一　静岡文化芸術大学 准教授（第3章）

小沢　貴史　大阪市立大学 准教授（第4章）

矢寺　顕行　大阪産業大学 准教授（第5章）

髙井　透　日本大学 教授（第6章）

金崎　賢希　日本大学 准教授（第6章）

依田　祐一　立命館大学 教授（第7章）

水越　康介　東京都立大学 教授（第7章）

（執筆順＊は編者）

読者へのメッセージ
第3版の刊行にあたって

VUCA（Volatility, Uncertainty, Complexity, and Ambiguity）。近年，企業経営の現場で国内外を問わずにしばしば耳にするようになった。新型コロナウィルスによる社会や生活の一変がその典型例として挙げられるが，あまりにも不安定で，不確実で，複雑で，曖昧で先の見通せない時代のことであり，このような人知を超えたような事態がこれからも次々に生じて，既存の経営手法や理論，考え方だけではもう通用しないという危機感が年々高まっている。グローバル化，DX（デジタル・トランスフォーメーション）化，ダイバーシティ化などの急速な進展もまた VUCA 時代の動向のひとつとして示すことができ，実際それらの対応に苦慮する企業が少なくない。そうした事態に直面している企業の現場では，既存のさまざまな活動の意味や意義を根底から問い直す試みがなされ始めている。これまで合理的とされてきたことが果たしてこれからも合理的なのか。企業活動のみならず，もちろんわれわれ執筆者のような研究活動においても同様の問い直しが必要となる。VUCA 時代には，経営学研究の意義，研究の成果，研究の方法を根底から問い直し続けねばならない。

そこで第3版を刊行する本書においては，すべての章を新たに書き直すことにした。まず序章「企業環境の変化と日本企業の戦略課題」では，現代企業を取り巻く大きな環境変化について4つの構造次元から整理し，VUCA 時代にこそ経営戦略の重要性が高まってくることを検討する。第1章「経営戦略論の系譜」では，経営戦略論のこれまでの理論的な進展ならびに近年の新たな研究試行を整理して，6つの経営戦略観として提示する。

この第3版では，"広く深く"読まれる書にすることを目指した。"広く"とは，大学生はもちろんのこと社会人を含めてこれから経営戦略論を学ぼうとする初学者をはじめ多くの読者が読み進めやすい内容にすることである。また"深く"とは，経営戦略論に関するベーシックな内容とともに，最新の企業動向や研究動向も踏まえた内容にすることである。そして各章を広く深い章にするだけでなく，本書全体を広く深い構成にすることにも挑戦した。

　具体的には，現代企業の経営戦略として企業全体レベルの「全社戦略（第3章）」と各事業分野レベルの「事業戦略（第4章）」との2つに大別されることが多い。この第3版では，「アライアンス戦略（第5章）」と「グローバル戦略（第6章）」との2つを前版に引き続き独立した章にするとともに，さらに「理念戦略（第2章）」と「デジタル戦略（第7章）」の2つの章を新たに加えることにした。とくに第3版で新たに加えた2つの章については，独立した章として取り扱うテキストは未だほとんど存在していないかもしれないものの，今後大いにその必要性が高まる戦略であると考えている。

　本書の出版に至るまでのプロセスでは，多くの方々の援助と励ましを頂戴した。とくに，学文社社長の田中千津子氏には，執筆上の便宜を図って頂いただけでなく，さまざまなご助言も頂いている。ここにとくに記して，心より感謝申し上げる。

　　2022年新年

寺本義也

大森　信

目　次

序　章

企業環境の変化と日本企業の戦略課題

◆◇◆◇◆◇◆◇◆◇◆◇◆◇◆◇◆◇　本章のねらい　◇◆◇◆◇◆◇◆◇◆◇◆◇◆◇◆◇◆

　　最近の企業経営をめぐる環境変化はますます激しくなっている。そうした変化に前向きに対応するための基本的な方法論が，「経営戦略」とよばれるものである。最初に，企業の持続的な成長のためには，環境変化への適切な対応が必要であり，そのための全体的な理解の枠組みを明らかにする。

　　この枠組みに基づいて，環境変化をとらえるために４つの構造次元から変化の内容を考える。さらに，企業が環境変化に対応するための変革を４つの構造次元から明らかにする。最後に，日本企業の経営戦略に関する主要な課題を指摘する。

　　本章を学習することによって，第１章以下の各章で述べられていることが，なぜ重要なのかの基本的な背景を理解できるようになる。

① 企業の持続的な成長の条件——環境変化への創造的適応

　企業は，変化する環境のなかでそれに創造的に適応することによって，生存し，成長する存在である。企業の基本的な使命は，社会（世界）の一員として，組織的に新たな価値を創造することによって，人びとの暮らしや生活を豊かにすることにある。しかし，環境変化に適応できるかどうかは企業の主体的な判断と行動によって決まってくる。

　米国のアマゾンやグーグル，日本の楽天やソフトバンクのように，歴史の浅いベンチャー企業でも，環境変化をうまくとらえることができれば，急速に成長してグローバル企業に変身することも可能である。

　反対に，かつての山一証券や日本航空，東芝，米国のパンアメリカン航空やコダック，GE（General Electric）のように強い競争力を誇る歴史のある巨大企業でも，環境が変化することによって，強みが弱みに変わり，業績が急激に悪化し，やがては自らの生存を危うくする場合がある。

　その意味では，企業とは持続的な「**変化適応業**」であり，さらにいえば，環境に主体的に働きかけて，新たな市場や顧客を創造することもできる「**価値創造業**」ということもできる。

　それでは，企業が環境変化に適応して持続的な成長を実現するためには，環境と自社をどのような関係でとらえればよいのであろうか。ここでは，それを理解する上でのひとつの世界地図あるいは基本的な構図を示してみよう（図表序 − 1）。まず図の左側に注目してみよう。**外部環境の変化**である。すなわち，顧客や消費者のニーズやウオンツが時代とともに変わる市場構造の変化，既存の競争・競合企業の変化や新規参入企業の登場などの競争構造の変化，要素技術やシステム技術などの改良や革新による技術構造の変化，さらに企業が従うべき法律や規制などに関する制度構造の変化などがある。

図表序－1　企業と環境の関係の枠組み
―2つの流れのベクトル合わせ―

外の流れ＝変化　　　　　　内の流れ＝変革

市場構造　　持続的な成長のスパイラル　　事業構造

競争構造　　　　　　　　　　管理構造

技術構造　　　　　　　　　　意識構造

制度構造　　　　　　　　　　パワー構造

　次に図の右側に目を転じよう。外部環境の変化に対する**企業の変革の努力**である。すなわち，既存事業の選択と集中や新規分野への進出を軸とする事業構造の変革，組織構造の再設計や新しい管理システムの導入などの管理構造の変革，組織メンバーに共有された価値観や行動様式などの意識構造（組織文化）の変革，部門間や階層間の組織内の力関係などを見直すパワー構造の変革などである。

　経営戦略の基本的な課題は，図表序－1にみられるように，外部環境の変化と企業の変革という2つの異なるベクトルを的確に合わせることによって，企業の持続的な成長を実現することである。次に，企業をめぐる2つのベクトルを詳しくみてみよう。

企業環境の変化――外の流れ

　図表序－1の左側は，一般に，企業環境の変化とよばれる。すなわち，企業外部の変化の流れである。市場，競争，技術，制度などの環境を形成する基本的な要因の構造的な変化である。最近の企業環境の変化は，ますますそのスピードを速めつつある。

① 市場が変わる

　企業環境変化の第一は，**市場構造の変化**である。市場構造の変化とは，需要の質的・量的な変化であり，それは，消費市場を取り巻く環境の変化と，それを形成する顧客・消費者自体の行動によって決定づけられる。

　市場の変化や多様化・高度化は，過去にも繰り返し指摘されてきた。二度のオイルショックを経て高度経済成長の終焉を迎えた，1980年代前半の消費低迷期には，メーカーは製品の差別化を強調し，消費者も他人と違ったものを求めた。その後の「バブル経済」の時代は，絵画や宝石，時計などの高額商品が人気を博し，高級な別荘地やリゾートマンションなどの不動産が飛ぶように売れた。

　しかし，21世紀の市場の多様化や高度化は，これまでとは明らかに次元が異なっている。もっとも大きな特徴のひとつは顧客価値の変化である。すなわち，顧客は，目に見えるハードの価値だけでなく，ハードに付加されるソフトやサービス，それが提供されるプロセスを含めたトータルな価値を評価するようになっている。価値自体も単なる品質や機能という面での価値（機能的価値）だけでなく，顧客の経験や，感性・美意識を満足させるものであるか否か（意味的価値）も重要な条件になってきている。

　世界に目を転じれば，自由経済・自由貿易の拡大とともに，国境を越えた地域市場やグローバル市場が成立している（図表序-2）。なかでも中国やインドをはじめとする新興国の中間層の市場（volume zone）の成長が著しい。アジア地域の中間層は2000〜2020年までの20年間で，人口数で10倍の20億人に増加している。

　さらに最近では，低所得層（BOP：Base of the Pyramid）も，貧困救済の対象から消費の主体に変わってきている。この階層を対象とするBOPビジネスは，現地でのさまざまな社会課題の解決を通じて持続可能な経済や社会，生活を支援することを目的に進められている。

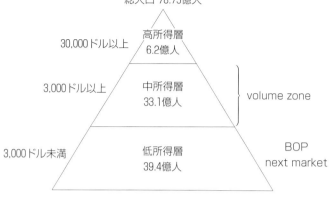

図表序－2 グローバル市場の構造（2021年）

総人口 78.75億人

30,000ドル以上　高所得層　6.2億人

3,000ドル以上　中所得層　33.1億人　}　volume zone

3,000ドル未満　低所得層　39.4億人　BOP next market

出所）UNU-WIDER 等の資料をもとに筆者作成

② 競争が変わる

企業環境の変化の第二は，**競争構造の変化**である。経済のボーダーレス化，企業活動のグローバル化が急速に進むなかで，企業間の競争・競合も国内中心から，国境を越えたグローバルな競争に変化している。

日本企業も国内企業同士の競争に加えて，欧米先進国のグローバル企業やアジアの新興企業との異質な競争に対応しなければならない。

なかでも東アジア地域の韓国，中国，台湾の企業との競争は激しさを増している。韓国企業は，サムスン電子，LG エレクトロニクス，現代自動車などにみられるように，日本企業より手頃な価格設定で，現地ニーズに合わせた製品を開発し，積極的な広告・宣伝を通じて，ブランド化を成功させている。台湾企業も，鴻海精密工業（ホンハイ精密）や台湾積体電路製造（TSMC）のように，中国本土や台湾の工場を活用することによって，製品の受託生産機能に特化した独自の強みを発揮するグローバル企業もある。他方，中国企業は，低コストで豊富な労働力を背景とした圧倒的な価格競争力とトップダウンによる迅速な意思決定力に優れており，これに，経済成長を背景とした内需拡大，企業の積極的な研究

開発投資，政府の強力な支援などが加わったことで，世界経済において米国を脅かす存在になっている。

さらに，競争・競合の変化自体が加速化している。その典型は，インターネット－ベンチャーの世界にみられる。超高速のネット経済の下では，勝者と敗者が驚くほど短期間に入れ替わることになる。米国のシリコンバレーを起点とするベンチャー企業，中国の深圳地区を拠点とする新興IT系企業，インドのバンガロール地域から誕生したソフトウエア系企業などが目覚ましい成長を遂げつつある。

③ 技術が変わる

企業環境の変化の第三は，**技術構造の変化**である。1990年代以降のインターネットの普及とデジタル技術の急速な発展によってPCや携帯電話が一気に普及した。最近では，スマートフォンと呼ばれる多様な機器が次々と開発され，全世界で使用されている（4G：第4世代移動通信システム）。

次世代の5Gは日本でも2020年から実用化が始まった最新のシステムである。4Gと比べて，高速・大容量，低遅延，多数同時接続が大きな特徴であり，PCや携帯電話だけでなく，あらゆるものがインターネットを経由して相互に接続されるようになる（IoT：Internet of Things）。今後，5Gの普及によって，ビジネスの方法だけでなく，消費者の生活スタイルや行動様式にも大きな変化が生じるであろう。

2019年末から全世界を揺るがした新型コロナウィルスに対するワクチン（mRNA）の開発は，当初4，5年は掛かるとみられたが，1年未満という短期間で実現したのは，免疫学と遺伝子工学の飛躍的な進歩のおかげである。遺伝子工学を基礎に遺伝子治療が発展し，当初の遺伝性疾患に対する根本的治療法だけでなく，現在はがんなどの難治性疾患にも応用されるようになっている。

地球環境問題への対応として，新エネルギーや環境技術の開発，進化

も急速に進んでいる。こうした先進・先端技術の取り組みが企業の命運を左右することになる。とくに，有力な基幹産業である自動車業界は，従来の石油に代わり電気エネルギーで走る「EV」（Electric Vehicle：電気自動車）の開発・生産が急ピッチで行われている。また，太陽光，太陽熱，風力，地熱など自然を利用した再生可能なエネルギーなどの開発・利用が各国で進められている。

④ 制度が変わる

　企業環境変化の第四は，国内だけでなくグローバルな枠組みでの法律・法令や規制などに関わる**制度構造の変化**である。国内では1980年代以降，各種の規制緩和が進められてきた。日本専売公社，日本電信電話公社や日本国有鉄道が相次いで民営化された。

　1990年代の半ば以降，規制緩和の波は金融業界にも広がった（金融ビッグバン）。これにより外資系金融機関の日本市場への参入が許可され，銀行と証券会社，生命保険と損害保険会社の垣根が取り払われた。1997年には純粋持株会社が解禁されたことにより，金融業界の再編・統合が進み，3つの巨大なメガバンクが誕生した。

　規制緩和と並行して規制強化も進められている。とくに，地球環境問題に関する国際的な取り組みが重要なテーマになっている。国連は2015年に2030年度までの持続可能な開発目標（SDGs：Sustainable Development Goals）という包括的で具体的な指針を全会一致で採択した。これは2030年までに持続可能でよりよい世界を目指す全加盟国共通の国際目標であり，その実現に向けて各国政府や企業に対して具体的な行動計画の策定と実行を求めている。

　企業経営に直接影響を及ぼす変化としてコーポレート・ガバナンス制度における変化がある。これは企業の経営を管理監督し，規律づけるための組織的な仕組みを指している。日本の上場企業の場合，「コーポレートガバナンス・コード（企業統治指針）」で規定されている。基本原則と

して，1．株主の権利・平等性の確保，2．株主以外のステークホルダーとの適切な協働，3．適切な情報開示と透明性の確保，4．取締役会等の責務，5．株主との対話を挙げている。国際的にみても，適切なガバナンス体制の構築は重要性が増している。

企業変革の取り組み──内の流れ

図表序−1の右側に示されているのは，企業内部の流れである。事業構造，管理構造（組織構造，管理システム），意識構造（組織文化），パワー構造（部門間，階層間の力関係）などの企業側の変革の主要な要因である。言い換えれば，環境変化に対応するための企業の組織的，主体的な取り組みと言うことができる。次に4つの軸からこの変革をみてみよう（図表序−1右側）。

① 事業構造を変える

特定のひとつの事業は，立ち上げ，成長，成熟，衰退という一連のライフサイクルをたどる。事業の寿命に限界があるのは，競合企業の参入，新製品や新サービスの登場，顧客・消費者の購買行動の変化，法律や規制の変化などさまざまな要因による。そのため，どの企業にとっても，適切なタイミングで**事業構造を変える**ことが必要になる。

企業が市場や競争，技術，制度の構造的な変化に対応して，持続的な成長を実現するためには，全社的な事業構造を見直しながら，既存事業の革新だけでなく，必要に応じて整理・縮小をも検討しなければならない。

たとえば，富士フイルムは，事業の柱であるフィルム市場がデジタル化によって急速に縮小したために，新任の古森重隆社長（その後会長，最高顧問）の下で，2000年代以降フィルム事業の大幅な整理・統合を進めた。既存事業の革新にも多くの経営資源（資金や技術，人材）が必要だが，縮小・整理にも同様に多くの資源を投入しなければならない。そのため，こうした事業構造の変革はできるだけ早めに迅速に行う必要がある。

企業は，既存事業の革新だけでなく，今後の成長を可能にする，新た
な事業分野への進出を図らねばならない。富士フイルムの場合，本業の
整理・統合を進めると同時に，新規分野への展開に精力的に取り組んで
きた。その際，保有する技術の棚卸し（再評価）に基づいて，自社の強
みを再定義し，それを最大限活用できる事業分野を探索し，自社だけで
は足りない能力を補うために戦略的な M&A を展開している。

② 管理構造を変える

　事業構造の変革を成功させるためには，それぞれの事業をどのような
組織体制や管理システムで運営するべきかを検討しなければならない。
企業にとって支配的な管理構造は，本業や中核事業を中心として構築さ
れてきたものである。それは，ある意味で組織の合理的な選択の結果で
あるが，環境変化のなかで既存事業の特性が変わったり，新規事業を推
進しようとする場合は，それに適した組織体制や管理システムが導入さ
れなければならない。たとえば，顧客が企業であるようなビジネス（B to
B：生産財，中間財）から消費者を対象としたビジネス（B to C：消費財
やサービス財）に新たに進出する場合，それまでと同じような管理構造
のままでは適切な運営は困難である。

　1930〜40年代に，米国の大企業の間で「事業部制組織」が採用された
のは，多角化によって生まれた特性の異なる事業を単一の組織体制や管
理システムでは十分な対応ができないことを学習した結果である。

　富士フイルムが，事業構造を転換するプロセスで，2006年に持株会社
（富士フイルムホールディングス）を設立し，その下に富士フイルム，富
士ゼロックス（現・富士フイルムビジネスイノベーション），富山化学（2018
年，富士フイルムの完全子会社化，現・富士フイルム富山化学）の主要3社
を事業会社として，グループ経営体制に移行したのは，それぞれの事業
の特性に応じたマネジメントを採用するとともに，異なる企業間・事業
間のシナジー効果を引き出すためであった。

③ 意識構造を変える

　ここでの意識構造とは，組織メンバーの間で共有されている支配的な「ものの見方，考え方」あるいは「価値・行動様式」のことを意味している。一般に企業風土，組織文化と言われるものがそれに当たる。

　意識構造も管理構造と同様，本業や中核事業と位置づけられる事業を基礎に時間の経過のなかで形作られたものである。たとえば，トヨタ自動車の現場・現物・現実重視の思想は，自動車の生産現場のマネジメントを通じて確立されたものであり，人間尊重の価値観は第二次大戦後の激しい労使対立の経験のなかから学んだところが大きい。安全第一の考え方は，生産現場における取り組みに加えて自動車という製品の特性と密接に結びついている。

　しかし，そうした既存の意識構造が企業の変革を妨げる要因になることがある。とりわけ，本業，中核事業における過去の成功体験は，ともすると現状維持の意識を生むことが多い。過去においては企業の成長にプラスの効果をもたらした組織文化が逆機能化し，変革を制約する原因になることは少なくない。企業が短期的な適応を繰り返すなかで長期的な適応能力を締め出してしまう。これが組織の「過剰適応」現象である。いったん出来上がった意識構造は人事制度，教育システムその他のさまざまな要因と密接に絡み合っているため変革には多くの困難をともなう。

④ パワー構造を変える

　組織は役割の構造であると同時にある種の力関係を基礎に成り立っている。企業には，トップ，ミドル，ロワーという組織階層間にタテの力関係が存在する。カリスマ型の経営者が長年トップを続けているような場合，組織内のパワーはトップに集中し，独裁的な組織マネジメント体制が支配的になる。他方，企業によっては重要な企画の立案や意思決定の際にミドルが実質的な権限を行使するようなことがある。伝統的な日本企業では，稟議書による決裁や会議前の根回しによって，トップの役

割は形式的な決裁者に過ぎないこともある。

　もうひとつの組織内のパワー構造は，事業部門間や業務部門間に成立するヨコの力関係である。たとえば，重電機メーカーのパワー構造は，重電事業を中心として出来上がったものであり，重電事業を運営する上では適応的な構造である。重電事業は，通常，特定の比較的少数の法人顧客に限定されるため，従業員は顔の見える顧客に対する長期的な関係のなかで仕事をすることが多い。電力会社が顧客であるような場合は，購入する機器の性能や品質，納期，原価などの詳細（スペック）が顧客から示される。重電メーカーは受注に成功すれば，提示されたスペックに基づいて，品質，納期，コストを守れば事業として採算がとれ，売り上げ，利益，キャッシュフローをあらかじめ計算できる。こうした状況の下では，社内のパワー構造は，工場の管理部門や工場長に集中する傾向が生じる。

　しかし，こうした企業が一般の消費者を対象とする家電事業に進出すると，パワー構造の変革が必要になる。すなわち，顔の見えない顧客に対して，品質，納期，コストとも不確実な状況でマネジメントしなければならないからである。この場合は，より消費者と接点の多いマーケティングや営業担当部署に情報が集まり，スピーディで適切な判断ができるようにする必要がある。

　多くの企業で新規事業が成功しないひとつの理由として，社内の既存のパワー構造との不適合が考えられる。

 2　日本企業の戦略課題

変革の加速化

　企業の持続的な成長のためには，環境の構造的な変化に対する企業の

構造的な変革が不可欠である。現在，企業経営をめぐって起こりつつあることは，「変化」と「変革」の世界的な規模でのスピード競争である。

　変化とは，企業が組織的，計画的，前向きに対応しなければならない「現象」であるのに対し，変革は単なる現象ではない。それは，企業の関係者が主体的に取り組むべき「行為」である。行為には主語，主体が必要である。それこそが，経営者のもっとも重要な仕事であり，この2つの内外の流れのベクトルを適時，的確に合わせてゆくことこそが，企業の持続的な成長にとってもっとも基本的な課題である（図表序−1参照）。

　それぞれの企業にとっての問題は，この2つの流れ，すなわち，「変化」と「変革」のスピード競争にどのようにして対応するかである。経営者が，いかに努力しても，「変化」の方のスピードが速ければ，そうした企業は生存，成長が困難になり，やがては淘汰されることになる。したがって，企業変革は少なくとも環境変化のスピードと同じ速さで進められなければならない。さらに言えば，変化を先取りして自らを進んで変革するか，あるいは主体性，独自性を発揮して変化そのものを創り出すことが求められるであろう。

　今後，日本企業が変革を加速化させるためには，2つの領域における取り組みが求められる。第一は業務レベルの展開スピードを上げるということである。製造業でいえば，企画，開発，生産，物流，販売，代金回収など個々の業務活動のスピードの加速化だけでなく，バリューチェーン全体のスピードの加速化が必要である。それには個々の企業の枠を超えた連携・協力が不可欠である。

　ますます環境変化のスピードが加速化するなかで，日本企業は，業務展開のスピードを上げることに加えて，**戦略レベルの変革の加速化**が求められている。戦略レベルの変革という観点からは，既存事業の拡大・強化だけでなく，必要に応じて縮小・撤退のスピードも重要なテーマである。また，新たな成長機会を求めるための新規事業分野へのスピーデ

ィな展開が課題となる。さらに，戦略展開を加速化させる手段として
M&A（合併・買収）の活用も必要になっている。

独自の経営戦略の創造

　経営戦略論の世界的な権威である，マイケル・ポーター（Porter, M. E.）
は，竹内弘高との共著書（2000）のなかで，日本企業に関する綿密な長
期的分析を行った結果，「高度成長期以降のほとんどの日本企業には，
明確な戦略が欠如している」（"Japanese companies rarely have strate-
gies"）と明快な結論を導き出している。彼によれば，経営戦略には少な
くとも2つの条件が必要であり，それらを満たしてはじめて戦略と呼ぶ
にふさわしいという（Porter, M. E., 1996）。

　戦略の第一の条件は，「他とは違うことをすること」である。より厳
密に言えば，「価値のある違いを創りだすこと」である。しかし，多く
の日本企業の実際の行動をみると，同じような製品やサービスをつくり，
同じような事業を展開する，いわゆる「横並び，同質化競争」を展開し
てきた。長年にわたって，企業間の厳しい競争のなかで，ひたすら価格
引き下げ競争を展開し，業務の効率化が最大のテーマになってきた。単
純な価格引き下げは，顧客・消費者にとって一定の利益にはなるものの，
全社員を巻き込んだ消耗戦に陥ってしまう。この点について，ポーター
は，単なる業務の効率化は戦略ではないと明言している。その意味で，
ほとんどの日本企業は経営戦略の第一条件を満たしていないことになる。

　経営戦略の第二の条件は，「何をするかを決めるだけでなく，何をし
ないかを決めることである」。バブル崩壊後，多くの企業がこぞって，「選
択と集中」をスローガンに掲げてきたが，大きな成果につながっている
例は必ずしも多くはない。というのも，いつも他社の動向をみながら，
「何をすべきか」を決定するにとどまっているからである。「何をすべき
か」よりも，「何をしないか」を決めることははるかに難しい。業績不

振の事業を長期間維持し，撤退の決断がなかなか下されない。また，一見，成長事業にみえても，あるいは事実そうであっても，自社の経営理念や価値観，コア・コンピタンス（自社の強み）に照らして，「それは当社の手がけるべき事業・製品ではない」と，経営者が明確に宣言することができるかどうか，自社の独自性についての本質的な理解と判断が問われている。こうした困難な課題を克服することなくして，有効な独自の経営戦略を創造することはできない。この点でも，多くの日本企業の戦略性については，なお，課題が多い。

戦略構築力の強化

　日本企業が構造変革の加速化と独自の経営戦略の創造という2つの大きな課題を解決し，持続的な成長を実現するためには，個々のメンバーの能力を超えた組織がもつ総合的な能力（組織能力：organizational capabilities）を構築・強化しなければならない。

　企業がもつ組織能力には2つの次元がある。ひとつは，業務活動を担っている**現場レベルの組織能力（現場力）**であり，もうひとつは戦略の構築に関わる**本社レベルの組織能力（本社力）**である（図表序-3）。

図表序-3　　組織能力の2つの次元

最初に現場力から検討してみよう。現場力とは，主として現場の業務遂行・改善に関わる能力である。環境変化は本社の会議室ではなく，現場で起こっている。したがって，組織が変化を感知し，迅速に対応するためには，日常の業務活動を担う第一線の組織能力は非常に重要である。

　従来，日本企業は現場を重視する傾向が強く，現場力を強化するためのさまざまな取り組みが行われている。品質改善，原価低減，納期短縮などを目的としたさまざまな改善運動や小集団活動（QC サークル）が多くの企業で導入され，展開されてきた。

　企業がもつ，もうひとつの組織能力として，多くの現場や事業部門を統括する本社や本部の戦略レベルの能力（本社力）がある。これは，環境変化とそのトレンドを正しくとらえた上で，長期的な目標を設定し，目標実現のための適切な戦略を創造し，それを組織を通じて実行し，望ましい成果に導くことのできる能力である。ここでは，こうしたトップマネジメントがもつ組織能力を「**戦略構築力**」と呼ぶ。戦略構築力は，企業の競争上の優位性を確立し，持続的な成長を可能にする上で決定的な重要性をもっている。

　組織能力としての戦略構築力は，個々の経営トップの能力を超えた総合的，組織的な能力である。戦略構築力は個々の事実や事象を個別に理解することを超えてより総合的で普遍的な解を目指すものである。

　組織能力という視点から日本の多くの大企業と欧米のグローバル企業を比較すると，前者は強い現場力と弱い本社力，後者は強い本社力と弱い現場力という対称的な組み合わせになることがわかる（図表序－3）。

　今後の日本企業の課題は，現場力の強みを保持しながら，本社力すなわち戦略構築力を格段に強化して，「強い現場力」と「強い本社力」という2つの組織能力を統合的に発揮する「**ハイブリッド型企業**」を創造することにある。

《参 考 文 献》

Chandler, A. D. Jr.（1962）*Strategy and Structure*, The M. I. T. Press.（有賀裕子訳〔2004〕組織は戦略に従う』ダイヤモンド社）

Poter, M. E.（1996）"What is Strategy," *Harvard Business Review*, 74(6), 61-78.（編集部訳〔2011〕「戦略の本質」『DIAMOND ハーバード・ビジネス・レビュー』2011年6月号，ダイヤモンド社）

寺本義也（2005）『コンテクスト転換のマネジメント—組織ネットワークによる「止揚的融合」と「共進化」に関する研究』白桃書房

戸部良一・寺本義也・野中郁次郎他（1984）『失敗の本質—日本軍の組織論的研究』ダイヤモンド社；中央公論新社

延岡健太郎（2011）『価値づくり経営の論理—日本製造業の生きる道』日本経済新聞出版

ポーター，M. E.・竹内弘高（2000）『日本の競争戦略』ダイヤモンド社

《いっそう学習（や研究）をすすめるために》

石井淳造・加護野忠男・奥村昭博・野中郁次郎（1996）『(新版)経営戦略論』有斐閣

　日本を代表する経営学者たち，とくに長年にわたって経営戦略論の分野で研究を重ねてきた研究者たちが集結して経営戦略論の根幹について理論的かつ実践的に詳細な解説をしている。

伊丹敬之（2012）『経営戦略の論理—ダイナミック適合と不均衡ダイナミズム（第4版)』日本経済新聞出版

　さまざまな日本企業の事例を示しながら，日本企業の戦略の特徴を「見えざる資産（情報的経営資源)」を鍵概念として示している。

《レビュー・アンド・トライ・クエスチョンズ》

① 企業の持続的な成長にとって重要な2つの流れとはなんでしょうか。

② なぜ現代企業には経営戦略が不可欠となっているのでしょうか。

第 **1** 章

経営戦略論の系譜

◆◆◆◆◆◆◆◆◆◆◆◆◆◆◆◆◆◆◆ 本章のねらい ◆◆◆◆◆◆◆◆◆◆◆◆◆◆◆◆◆◆

　本章では，経営戦略論の系譜をたどっていく。具体的
には，経営戦略論の始まりである古典的な研究群，1980
年代から1990年代にかけての経済学を理論的なベースに
した経営戦略論，そして近年の経営戦略論の動向や新た
な理論的な試行の大きく3つに分けて示していく。また
これまでに提示されてきた多様な経営戦略観についても
整理することで，経営戦略とは何かについての理解を深
めてもらうこともねらいとする。具体的には，プラン，
ポジション，パースペクティブ，パターン，プロイ，プ
ラクティスという6つの経営戦略観を示す。

経営戦略論の始まり

組織は戦略に従う

　本章では，経営戦略論の系譜をたどっていく。具体的には，経営戦略論の始まりである古典的な研究群に続いて，1980年代から1990年代にかけての経済学を理論的なベースにした経営戦略論，さらには近年の経営戦略論の動向や新たな理論的な試行の大きく３つに分けて示す。なお本書では，他の章においても同様にして，古典的な研究内容や今日の多くの経営戦略論のテキストで取り上げられている内容にとどまらずに，近年の新たな動向や理論的な試行にも目を向けていく。

　経営戦略論の系譜をたどるといっても，実はそれほど長い歴史があるわけではない。経営学における最初の書のひとつとされるテイラー（Taylor, F. W.）の『科学的管理法』が刊行されたのが1911年であり，そもそも経営学自体が100年ほどの歴史しかない新しい学問である。ちなみに経済学における最初の書とされるアダム・スミス（Smith, A.）の『諸国民の富（国富論）』が刊行されたのが1776年であり，経営学がいかに新しい学問なのかが理解できるのではないだろうか。

　その経営学のなかに，軍事用語であった戦略の概念が本格的に持ち込まれたのは1960年代であって，さらに新しい。たとえば，アルフレッド・D・チャンドラー（Chandler, A. D.）の書『組織は戦略に従う』が刊行されたのは1962年である。チャンドラーのミドルネームＤはデュポンであり，彼は自身のバックボーンを活かしながらデュポン社の歴史を丹念に調べ上げる。その結果，事業数を増やしていく多角化戦略の進展に伴って，企業が事業部制組織という組織構造を採用してきた過程を「**組織は戦略に従う**」という命題として提示した。このチャンドラーを含む

1960年代から70年代にかけて展開された初期の経営戦略論は，経営学に戦略という新たな概念を取り込んだということで，**戦略経営学派**と称されることもある。また**戦略計画学派**や**プラニング学派**とも称される。いわば経営戦略論における古典的な研究群が初期の経営戦略研究である。

　この初期の経営戦略研究の大きな貢献点は，経営戦略論の礎を確立してくれたことにある。歴史の浅い経営学にさらに戦略という新しい概念を取り込み，経営の世界全体が混乱してしまわないように，戦略という新概念を非常に丁寧に，慎重に取り扱っている。また実務家の関心や経験を踏まえて，彼らが実際に戦略を思案したり策定したりするために有用な手法，あるいは戦略に関連する基礎的な概念を整備している。実は今日でも企業の現場で未だにもっとも活用されていたり，彼らにとって馴染みがあったりするのが初期の経営戦略研究の成果だと評しても良いほどである。そこで本節では，まず以下で彼らの研究成果を整理して示すとともに，さらに企業の現場で未だに活用されることが少なくない**SWOT 分析**について詳述していきたい。

全社戦略と事業戦略

　初期の経営戦略研究の特徴は，実務家の関心や経験を大切にしながら，研究を進展させたことにある。同時に，あまり安易に，乱暴に経営戦略の概念を使用して，企業内部を混乱させないように注意を促している。

　たとえばアンゾフ（Ansoff, H. I., 1965）は，企業にとっての"重要な"経営課題，それらすべてに対して安易に"戦略的な"経営課題と称するべきでないと注意を促す。企業内部にも企業外部にも経営課題が常に数多く存在する。企業の成長や存続に関わるさまざまな重要課題が存在する。それらすべてが戦略的な課題ではない。とくに企業と外部との関係性に関わる問題が戦略的な課題であるとして示す。またそのような問題に対する意思決定が**戦略的決定**であるとする。そして経営戦略とは，戦

略的決定をするためのルールやガイドラインであると位置づけている。

　さらに経営戦略は，**目的**や**目標**とも異なると示す。企業の目的や目標を達成するための手段が経営戦略であると位置づけている。当時以上に，経営戦略および経営戦略に関連する概念をますます曖昧に，また濫用しがちな現在にこそ今一度耳を傾ける必要がある指摘である。

　初期の経営戦略研究では，さらに企業での現状を踏まえて，実際には少なくとも2種類の経営戦略が企業で必要となることを明示している。ひとつが**全社戦略**であり，もうひとつが**事業戦略**である（Hofer C. W. & Schendel D., 1978）。全社戦略については，**企業戦略**や**成長戦略**とも呼ばれることがあり，企業全体が世の中の変化に対応しながら，企業がさらに成長したり今後も存続したりするために求められる戦略である。とくに "変化への対応" がその成否の鍵となる戦略である。事業戦略については，**競争戦略**とも呼ばれることがあり，企業が営む各ビジネスが競合他社との競争に対応しながら，顧客価値を提供したり向上したりするために求められる戦略である。とくに "競争への対応" がその成否の鍵となる戦略である。本書では，第3章においてとくに全社戦略，第4章においてとくに事業戦略について詳しく目を向けていく。

経営戦略に関する基本概念

　企業各社がこうした2種の経営戦略を実際に策定するには，最低限どのようなことを定めておく必要性があるのか。実務家の関心に応えて，初期の経営戦略研究者たちは，それらを経営戦略の構成要素として示している。実務家の経験を反映させて，その内容に少しずつ修正を加えながら，今日では次の4つが**経営戦略の構成要素**として提示されることが少なくない。①**ドメイン**（領域）の決定，②**資源展開**の決定，③**競争優位性**の決定，④**シナジー**の決定の4つである。

　ホッファーとシェンデル（Hofer and Schendel）（1978）は，最初のド

メインの決定について「組織の現在と予定した環境との相互作用の程度」（邦訳 p.31）から決定することを求めている。すなわち現在の自社の活動領域からのみでドメインを決定するのではなく，将来を見据えてドメインを決定していくことを求めている。逆に言えば，どこに安易に手を出さないのかを決めておくのもドメインの決定となる。これまでの自社の活動を踏まえた上で，今後どのような領域で成長を遂げていくのか，生存していくのかを定めることがドメインの決定である。

　次に彼らは，製品・サービス市場というアウトプット市場にだけ目を向けて戦略を策定していくのではなく，インプット市場，すなわち企業活動に必要な**経営資源**にも目を向けて戦略を策定していく必要性を示している。それが 2 番目の資源展開の決定である。資源展開の決定は，さらに**資源蓄積の決定**と**資源配分の決定**の 2 段階からなる。先に定めたドメインのなかで，自社が成長したり存続したりするためにはどのような資源が必要となり（資源蓄積），またどのような配分をする必要があるか（資源配分）を定めるのが資源展開の決定である。なお経営資源とは，ヒト，モノ，カネ，情報の 4 つであり，企業活動にとって不可欠で，時に強みとなる武器としても位置づけられている。

　したがって第 3 の競争優位性の決定は，第 2 の資源展開の決定と密接な関係にある。ビジネスにおいての競争では，オリンピックなどのスポーツの競走とは異なり，参加すること自体に意義があるのではなく，勝ち抜く必要がある。特定の領域で自社が競合他社と比べて，どのような優位性を確立するのか，蓄積や配分した経営資源が自社にとってどのような強みとなるのかを定めていくのが，競争優位性の決定である。

　加えて，企業は単に競争に勝ち抜くだけでなく，さらに利益を獲得する必要性もある。たとえ競合他社を凌駕したとしてもまったく利益を確保できなければ，企業は成長することも存続することも難しくなる。この利益確保に大きく関わるのが最後のシナジーの決定である。シナジー

とは，相乗効果のことであり，１＋１が２でなく，３や４になるような効果である。

　より具体的には，シナジーには２つのタイプがある。第一は，互いが共通の経営資源を利用することによって，全体としてコストダウンを目指すような相互共有型のシナジーである。異なる事業間で同じ機械設備を利用することで，コストダウンを実現しようとする生産活動や研究開発活動などが典型例として挙げられる。第二は，互いの経営資源を活用し合うことによって，売り上げの増加を目指すような相互補完型あるいは相互補強型のシナジーである。異なる事業間で同じ販売網を活用することで，顧客に対して大きく利便性や存在感を高めて，互いの売り上げ増加を実現しようとする販売活動などが典型例として挙げられる。なおアンゾフはとくに生産，販売，投資，経営の現場で有効なシナジーが生じやすいと指摘する。そして，それぞれを**販売シナジー**，**生産シナジー**，**投資シナジー**，**マネジメントシナジー**と称して，とくに注意を向ける必要性を指摘している。

３C分析と事業コンセプト

　全社戦略においても事業戦略においても，企業の現場で現在もしばしば使用される戦略策定手法に**SWOT分析**と呼ばれる手法がある。この手法もまた初期の戦略論研究のなかから登場してきた手法である。

　SWOT分析とは，Strengths（強み），Weaknesses（弱み），Opportunities（機会），Threats（脅威）の４つの頭文字を取った名称である。SとWは企業の内部分析を通じて，強みと弱みを提示することである。OとTは企業の外部分析，すなわち環境分析を通じて，新しい事業機会と脅威を提示することである。SWOT分析という名称を使用しなくとも，初期の経営戦略においては，戦略策定の出発点として，まず企業の内部分析（資源分析）と外部分析（環境分析）を求める研究が少なく

ない（Andrews, 1971；Hofer and Schendel, 1978）。

　そこで初期の経営戦略研究では，内部の強みや弱み，あるいは外部の機会や脅威をより具体的に，より網羅的に示していくための手法や枠組みがいくつか提示されている。たとえば，企業内部の強みと弱みを考えるための枠組みとして現在でもしばしば使用されるのが３Ｃである。大前研一が『ストラテジック・マインド』のなかで，戦略的三角関係と称して世界に向けて発信したのがその始まりともいわれる。具体的には，強みや弱みを明らかにするために，まず図表１−１の３Ｃを描いてみることを求めている。

　３Ｃの要諦は，自社や自社のビジネスを中心にするのではなく，まず顧客を中心に据えて分析するということである。企業活動の現場では，どうしても自社中心になりがちである。自社が他社との競争に勝ち抜くにはどうすればよいか，利益を多く獲得するにはどうすればよいかという心情にすぐに陥りがちになる。その結果，自社の強みでも何でもないものを強みに位置づけてしまったり，過大に強みを評価したりということになりかねない。そこで，まず顧客を中心に据えた現状分析をするのである。

　さらに自社が顧客に提供しているのは，製品やサービスではない。製品やサービスを通じて，どのような価値を提供しているのかを分析する

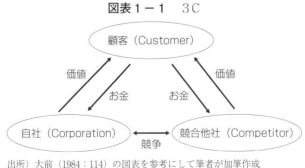

図表１−１　３Ｃ

出所）大前（1984：114）の図表を参考にして筆者が加筆作成

のである。その価値と類似した価値を顧客に提供しているのが競合他社である。したがって必ずしも同業他社のみが競合他社であるとは限らない。3Cを描くことによって、潜在的な競合他社が顕在化してくるのである。顕在化した競合他社との比較分析を通じて、自社の真の強みと弱みを明確にしていくことを求めている。

そして3Cを描くことによって、自社の**事業コンセプト**も明確にすることができる。事業コンセプトとは、自社の事業が誰に（Who）、何を（What）、どのように（How）を提供するものなのかを明確にすることである。近年のようなグローバル競争が激化している環境下では、単に事業コンセプトを明確にするだけでなく、ユニークにすることも求められている。

たとえば、最初のWho（顧客）についても現在の常識や固定観念に囚われているのではないかと疑問を抱く必要がある。一口に顧客といっても大きく3タイプがいる。User，Payer，Buyerの3タイプである。Userとは使用者であり、実際に自社の製品やサービスを利用している顧客のことである。しかしながら、Userのなかには自らその使用代金を支払っていない場合が少なくない。たとえば若者ユーザーは自らが代金を支払うのではなく、保護者が代わりにさまざまな代金を支払っていることが多い。Payerである保護者を顧客として考えて、自社のビジネスを再考することで新たな可能性を見出すのである。なおBuyerとは、購入意思決定者であり、購入をする際の意思決定に大きく影響を与える人である。近年ではネット上のインフルエンサーがその役割を担っていることが少なくない。

さらに近年においては、自社の製品やサービスのユニークさであるWhatとともに、とくにHowのユニークさを求める企業が少なくない。すなわち**ビジネスモデル**（あるいは**ビジネスシステム**）のユニークさを重視する傾向がある。WhoやWhatのユニークさは、他社がすぐに追随し、

ユニークであるほど模倣されてしまう可能性が高い。一方でビジネスモデルのユニークさは他社による模倣困難性が高く，より持続的な競争優位の源泉になりやすいとされているからである。本書では，最終章においてビジネスモデルに着目していく。またとくにデジタル経営環境下で求められるビジネスシステムについては，第7章で着目する。

SWOT 分析と PEST 分析

　企業内部の強みや弱みを特定する手法として3C分析を示してきたが，企業外部の機会や脅威を特定する手法としては，**PEST 分析**がしばしば使用される。PEST 分析とは，Political（政治的）環境，Economic（経済的）環境，Sociological（社会的）環境，Technological（技術的）環境の4つの頭文字を取って，それぞれの近年の環境変化に注目をする。たとえば政治的な変化としては，法規則の変化，税制の変化が挙げられる。また経済的な変化としては，景気の変化，金利の変化が挙げられる。さらに社会的な変化としては人口変化の動向などに，技術的な変化としては新技術の動向などに注目する。4つの環境変化のそれぞれについてまず具体的に列挙した上で，自社もしくは自社の事業が属する産業にとって追い風になるような変化を機会に，逆に逆風になるような変化を脅威に振り分けていくのである。できるだけ漏れがないように環境変化を列挙していくための手法である。

　以上のように，SWOT 分析では，3CやPEST 分析を通じて，強み，弱み，機会，脅威をできるだけ多く示すことが第1段階となる。第2段階では，それら列挙したSWOTを組み合わせて，独自性の高い戦略を創造していくこととなる。具体的には，図表1−2で示すような4つのタイプの戦略を創出することとなる。

　4つのなかで企業がもっとも力を注ぐべきなのが左上の「**積極的攻勢**」である。新しい事業機会や大きな事業機会があり，それに対して自らの

図表１－２　SWOT 分析

	O＝機会 （Opportunities）	T＝脅威 （Threats）
S＝強み （Strengths）	積極的攻勢	差別化
W＝弱み （Weaknesses）	段階的施策	専守防衛 もしくは 撤退

出所）筆者作成

強みを活かした挑戦をすることによって，自社のさらなる成長や競争優位性の向上が期待できるからである。また左下に位置した「**段階的施策**」については，自社の弱みを修正しながら，事業機会に乗じていくこととなる。反転攻勢を仕掛けるような戦略である。

　自社にとって，あるいは自社の事業が属する産業にとって逆風が吹いている環境，すなわち脅威というのは好状況とはもちろん言い難い。しかしながら，競合他社にとっても同様に好状況とは言い難い。またそうした環境下では，新たな参入企業が次々と現れ出てくる可能性も低い。すなわち既存の企業間での勝ち残りをかけた競争が展開される。そこで右上の「**差別化**」では，自社の強みを活かすとともに，競合他社の弱みを突くような戦略が効果的となる。反対に，右下のような状況下では，自社の弱みを突かれないようにする「**専守防衛**」か，あるいは深い痛手を負う前に早めに「**撤退**」をするかが求められることとなる。

　以上のような SWOT 分析は，今日でも企業の現場で活用されることが少なくない。本章末の《レビュー・アンド・トライ・クエスチョンズ》においては，あなたが現在所属する組織（大学や学部，勤務先など）を対象にして，実際に SWOT 分析をして，積極的攻勢を示すことを課題にしているので，ぜひ挑戦して欲しい。

同時に，その挑戦を通じて，SWOT分析の問題点や難しさについても考えてみて欲しい。ここでは，いくつかある問題点のなかのひとつを示しておきたい。それはSWOT分析だけではなく，ここまでで示してきた初期の経営戦略研究全体に共通する問題点といっても良い。初期の経営戦略研究の特徴としては，繰り返すことになるが，実務家の関心や経験を踏まえて，彼らに寄り添うようにして研究が進められてきた。SWOT分析にしても，実務家の肌感覚に合う手法だからこそ，今日まで活用され続けているとも評することができる。しかしながら，そのSWOT分析で創出された戦略案の確かさについては何も示されていない。SWOT分析は，実務家の経験知を整理しながら提示されたかもしれないものの，その手法の背後に理論的な根拠がない。またSWOT分析で創出された戦略案と，経営トップのひらめきや独断で創出された戦略案とではどちらの成功確率が高いのかという実証データもないのである。初期の経営戦略研究群は，実務家の関心や経験を大切にしながら展開されてきたものの，理論的な根拠が脆弱な研究群であるとしてその問題点を指摘できる。そこで，経営戦略論では理論やデータをベースにした研究が展開されていくこととなる。

 2　経済学をベースにした経営戦略論

ポジショニング・ビューとリソース・ベースト・ビュー

　1980年代以降になると，理論をベースにした経営戦略論が展開されていく。理論的な根拠を背景にした経営戦略論の始まりである。ただし理論的な根拠といっても経営学の歴史は先述した通りに浅い。そこで理論的根拠として，歴史が長い近接分野の研究蓄積が活用されていく。とくに経済学における研究蓄積が理論的根拠としてしばしば活用されている。

まず1980年代においては，経済学のなかでも産業組織論を理論的なベースにしたポーター（Porter, M. E.）の競争戦略論が支配的な考えとなった。経済学のなかには，完全市場あるいは完全競争市場と呼ばれる概念がある。完全な市場であるから，まったく無駄のない市場，あるいはアダム・スミスのいう「神の手」で調整された市場といっても良い。誰もが損をしない市場である。なお産業組織論においては，たとえば特定の産業に対して規制をかけたり，逆に緩めたりすることでより完全市場に向かわす方策などが議論されてきた。

　しかしながら，誰も損をしない市場というのは，裏を返せば誰も得ができない市場であることも意味する。つまり，企業が利益を獲得しにくい市場である。そこでポーターは，産業組織論の研究蓄積を逆手にとって，完全市場に向かわないような要因を整理して，**5つの競争要因**として提示する。具体的には，「競争業者との敵対関係」，「新規参入の脅威」，「代替製品・サービスの脅威」，「売り手の交渉力」，「買い手の交渉力」の5つである。この5つの要因がより緩やかな市場ほど利益率の高い市場であり，魅力的な産業と呼んでいる。企業というのはどの事業でも同じように利益が得られるのではなく，まずどの産業や市場に位置するのか，すなわちポジショニングによって成否が決まってしまうということで，ポーターの示した競争戦略論は**ポジショニング・ビュー**あるいは**ポジショニング論**とも称される。

　1990年代に入ると，日本も含めて先進諸国の経済はもう右肩上がり成長ではなく，ポーターが求めるような魅力的な産業はそれほど多くなくなっていく。そこで，戦略の始点を企業の外部に求めるのでなく，企業の内部に求める考え方が隆盛する。一般的には，**リソース・ベースト・ビュー**（資源ベース論や**能力ベース論**と称されることもある）と呼ばれている。企業内部に目を向けて，その名の通りに，企業が保有する経営資源，さらには組織的能力のなかでより持続的な競争力の源泉や成長力の

源泉となりうるものを求めている。

　リソース・ベースト・ビュー（以下，RBV）においては，企業の持続的競争優位の源泉になりうる経営資源や**組織的能力**の特性として「**VRIO**」と呼ばれる判断基準が提示されている（Barney, 1996）。具体的には，①経済的価値（Value），②稀少性（Rarity），③模倣困難性（Inimitability），④組織的（Organization）という特性である。なかでも，３番目の他社による模倣困難性の高さが企業の競争優位の持続性ならびに利益の持続性と大きく関連することが指摘されている。また**模倣困難性**の高さがどのようにして競争優位や利益の持続性と関係するのかという理論的根拠に経済学の研究蓄積が活用されている。

　経済学では，これまでさまざまなタイプのレント（超過利潤）が提示されてきた。そのひとつに，リカードが提示したリカードレントと呼ばれるものがある。質が高く，供給が非弾力的な生産要素を保有している者が獲得できるレントとされる。模倣困難性の高い経営資源や組織的能力を保有するほど，このリカードレントが持続的に得やすく，持続的競争優位性を実現しやすい状態になる。

　さらに，企業成長の真の源泉がそもそも企業外部にあるのではなく，企業内部のなかでも資源や資源管理能力にあることについては，経済学者ペンローズ（Penrose, E. T.）の1959年の著書『会社成長の理論』においてすでに論じられている。したがって，先のポーターのポジショニング・ビューとともに，RBV もまた経済学を大きな理論的根拠にしているとされる。この両者の関係性については，次の図表１－３の通りに示すことができる。

戦略は組織に従う

　図表１－３からは，ポジショニング・ビューと RBV の両者が対比的な関係性にあることがわかる。まず戦略の始点としては，上述の通り，

図表１－３　ポジショニング・ビューとリソース・ベースト・ビュー（RBV）
　　　　　 の比較

	ポジショニング・ビュー	リソース・ベースト・ビュー
年代	1980年代	1990 〜 2000年代
提唱者	Porter	Penrose, Wernerfelt, Barney ほか
戦略の始点	企業の「外」 （5つの競争要因に注目）	企業の「内」 （経営資源と組織的能力に注目）
対象	事業戦略	全社戦略
競争優位	一時的，静態的	持続的，動態的

出所）筆者作成

ポジショニング・ビューでは企業の外部すなわち世の中の動向に注目することを求めている。一方，RBVでは企業の内部に注目することを求めている。とくに経営資源や組織的能力に注目をしている。この組織的能力については，さまざまな研究者によってさまざまな組織的能力の必要性が指摘されているものの，とくに経営資源を組織的に活用したり組み合わせたりする能力の重要性に着目する研究者が多い。なおポーターがほぼ一人で確立させたポジショニング・ビューに対して，RBVについては，数多くの研究者の研究の積み重ねによって少しずつ整備されてきており，研究進展過程の点においても対比的であると指摘できる。

　さらにRBVにおいては，1980年代後半から世界市場で大きく躍進をした時期の活力ある日本企業に注目することで提示されたり，日本の研究者によって発信されたりした概念が少なくない。**情報的経営資源（見えざる資産）**，**知識創造企業**，**コア・コンピタンス**，いずれも日本企業に着目したり，日米企業を比較したりすることで提示された概念である。ポーターおよび初期の戦略論研究では，主に欧米企業に注目することで，戦略論に関する考え方が整備されたり，新たな概念が提示されたりすることが多かった。とくにポーターは，自身の枠組みから逸脱しているとして日本企業に対してしばしば手厳しい批判をした。しかしながら

RBV おいては，欧米企業が必ずしも先進的ではないこと，むしろ日本企業も含めて他国の企業にも着目していくことの必要性を提示しているとして評価することができる。

　本章の冒頭において，チャンドラーが提示した「組織は戦略に従う」という命題を示した。まず戦略が定まり，その後にその戦略を実現するために組織体制が整備されたり，人びとが動いたりしていくという命題である。ポーター以前の戦略論では，この「組織は戦略に従う」を暗黙的な前提にして研究が進められてきた。しかし RBV では，まず企業内部に蓄積されている組織独自の経営資源や組織的能力に着目をしている。そして，それら資源や能力をベースにして戦略を展開していくことを求めている。つまり，まず前提として組織が存在していて，その組織ならではの戦略が展開されていくことを示している。RBV は，**戦略は組織に従う**」という命題の下で展開されてきた研究群としても位置づけられる。

　さらに示すならば，ポーターは 5 つの競争要因に基づいて世の中の動きを見ながら戦略策定することを求めていた。ただし世の中は常に変化しており，ポジショニング・ビューに基づいて獲得した競争優位性は一時的な優位性になりかねない。より長期的，より持続的な競争優位性を獲得するための課題に挑戦したのが RBV であったとも示すことができる。

　ただし，ポーターが示したポジショニング・ビューと1990年以降に隆盛となった RBV とは対比的ではあるものの，必ずしも対立的でもない。相互補完的な関係性にあったとしても指摘できる。たとえば，ポーターはまずはより魅力的な製品やサービス市場を見出すことを求めていた。事業戦略の課題に重きを置いたのである。一方の RBV では，企業全体の強み，とくに強みとなる内部資源や能力を見出すことを求めていた。全社戦略の課題に重きを置いている。初期の戦略論研究が示していたように，全社戦略と事業戦略のどちらか一方だけを重んじたり軽んじたりすることは望ましくない。企業が長期的に経営を安定させたり成長をし

たりしていくためには，両者ともに注力する必要がある。ポーターの考え方においては看過しがちだった側面を補完するのが RBV であったとも位置づけられる。

　以上のように，経営戦略論では，既存の研究成果を基にして，それらを補完したり発展させたりしながらさらなる理論的な進展に挑戦し続けられている。本書では，第4章の事業戦略にてポーターのポジショニング・ビューについて，第3章の全社戦略にて1990年代以降に隆盛したRBV について，さらに詳細に注目をしていく。

　なおミンツバーグ（Mintzberg, H.）ら（1998）は，マクドナルドを事例にして，両者の関係性ついて次のように示している。現在マクドナルドでは，従来のハンバーガーのメニューに加えて，朝マックと呼んでマフィンの提供に力を入れている。マフィンという新しい製品市場に進出したのだから，ポジショニング・ビューの観点からは新戦略ということになる。しかしマフィンにおいても，ハンバーガーと同じく素早く調理し，素早く提供するという同じ能力や資源が活用されている。したがって RBV の観点からは新戦略とは言い難い。逆に，同じハンバーガーであったとしても，たとえば，夕食時にウェイターが給仕するコース料理のように提供をし始めるならば，既存の資源や能力とは異なる資源や能力が多く求められることとなるので，新戦略ということになる。つまり同じ戦略であっても，戦略観が異なっていれば，その位置づけや評価が異なってくることを示す。

創発的戦略

　上述したミンツバーグらは，既存の経営戦略論のなかでも，とくに「組織は戦略に従う」型の戦略論の有効性に対して大いに疑問を呈している。具体的には，初期の戦略論研究およびポーターのポジショニング・ビューにおいては，経営陣がまず経営戦略を策定する。その戦略を組織として

実行することが暗黙の前提となっていた。しかしながら，彼らが北米企業を対象に調査をしたところ，実行された戦略のなかで実際に実現された戦略，すなわち成功を収めた戦略は10％ほどしかなかったと指摘をする。図表1－4の上部①に示すように「**計画的戦略**」と呼んで，その有効性に疑問を呈したのである。

一方で，彼らは，企業の大きな成功や成長にとくに貢献した実現された戦略のなかに，経営陣が当初は意図していなかったものがあったことも指摘している。経営陣以外の企業メンバーが日々の活動を積み重ねたり，試行錯誤を繰り返したりしながら，少しずつ戦略が形成されて大きな成功を収めるに至ったものがあったというのである。そして図表1－4の下部②に示すように「**創発的戦略**」と呼んで，その有効性に注目していくことを求めている。

この「創発的戦略」の実例として，しばしば示されるのがホンダの米国市場参入の成功例である。具体的には，ホンダという企業はその規模がそれほど大きくない時期に，また日本企業のなかでもかなり早い時期に，米国市場に進出をしている。未だ自動車事業に参入しておらず，バイクのみを事業にしていた時代に果敢に米国市場に進出をしていた。パ

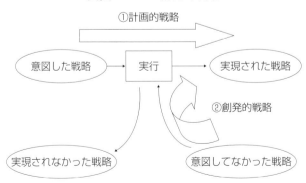

図表1－4　創発的戦略

出所）Mintzberg 他（1998）邦訳 p.13の図表を参考にして筆者が加筆作成

スカル（Pascale, R.）は，当時の米国市場で奮闘したホンダの従業員たちにインタビューをして，当初のトップの意図した戦略は成功しなかったこと，そして創発的戦略による成功であったことを突き止めている。

　米国市場進出当初において，創業者である本田宗一郎は，250ccや350ccの大型バイクをバイクの本場である米国で売り込みたかったという。しかし米国での販売はなかなか上向かず，また販売したバイクも顧客が広大な米国土を乗り回すために故障が相次ぐ事態となってしまった。その一方で，米国内でホンダの従業員が仕事場への移動用として乗っていた50ccの小型のスーパーカブに注目が集まり始める。とくにシアーズなどバイクショップ以外からの問い合わせを受けるようになる。しかし，そうした米国の現場からの声に対しても，日本の本社は小型バイクを販売してはホンダのイメージが損なわれてしまうという判断をして，少なくとも8カ月間スーパーカブの販売が見送られたという。

　やがて大型バイクで売れる車種がまったくなくなってしまったこともあり，やむを得ずにスーパーカブが販売される。すると，当初意図していなかったような米国の中流階級層が多く買い求めたという。スーパーカブでホンダのバイクを気に入った彼らは，さらに大型のバイクにも乗り換えるようにもなり，ホンダの米国での売り上げが加速していったと示している。

戦略策定と戦略形成

　以上の創発的戦略においては，組織内部で少しずつ形成されていくのが経営戦略である。そこでその戦略創造過程については**戦略形成**（Strategy Formation）と称される。一方の計画的戦略においては，経営戦略とは組織上層部で策定されるものであり，**戦略策定**（Strategy Formulation）と呼ばれている。なおミンツバーグ自身は，「組織は戦略に従う」型の初期の戦略論研究のことを**「プランとしての経営戦略」**，またポー

ターのポジショニング・ビューのことを「**ポジションとしての経営戦略**」とそれぞれ称している。それらと対比させて，自身が提示した創発的戦略については「**パターンとしての経営戦略**」と称している。組織内部で次第に型（パターン）となって定まっていくものが経営戦略であるという位置づけである。

　一般的に，多くの実務家も，他社の経営戦略，とくに有名企業の成功した経営戦略について語る時には，過去の戦略の成功パターン，すなわちパターンとしての経営戦略についてしばしば語りがちになる。反対に，自社の経営戦略について語る時には，現在目論んでいる戦略，すなわちプランとしての経営戦略について語ることが多い。実は経営戦略といっても多様な経営戦略観があることを皆が暗黙的に了解しているとも指摘できる。

　ミンツバーグによる問題提起を契機のひとつにして，現在多様な研究試行がなされ始めている。たとえば，戦略という概念そのものの有用性を改めて問い直す動きがあり，**批判的マネジメント研究**（critical management studies）と称されている。その研究群のなかには，多様な研究内容が存在しているが，とくに戦略の内容と業績との間に，あるいは戦略のユニークさと業績との間に本当に相関があるのかという疑問が呈されている。具体的には，フェファーとサットン（Pfeffer, J. and Sutton, R. I.）は，著書『事実に基づいた経営』のなかで，学者が期待するほどの相関はないことを示している。また企業の現場においても，とくに米国の大企業内では，組織内外で企業や企業メンバーの正当性を高めるために戦略が利用されているに過ぎず，実際には組織全体の有効性が高められているわけではないという手厳しい指摘もされている（Westley, 1990；Knights, D. & Morgan, G., 1991）。

3 経営戦略論の新たな潮流

実践としての経営戦略

　ミンツバーグの問題提起は，経営戦略と組織との関係性を問い直すことを求めるものであったものの，実はチャンドラーが示した命題「組織は戦略に従う」に対立する命題が示されたのは初期の戦略論研究期である。本章の前半でも取り上げたアンゾフが1979年にすでに「戦略は組織に従う」という対立命題を提示している。近年の戦略と組織との関係性の再検討については，戦略と組織以外にもさらに別の概念も包含した問い直しが進められているという特徴がある。

　たとえば経営学を含む社会科学全体において，近年欧州の研究者を中心にして，**プラクティス**（**実践**）という観点から既存の考え方や基礎概念を再検討する研究試行が始まっている（Reckwitz, 2002）。その研究試行は「**プラクティス・ターン**（**実践論的転回**）」と称されている。とくに経営学においては，経営組織論や管理論の分野で「Community of Practice」，経営戦略論で「Strategy as Practices（**実践としての経営戦略**）」として研究が展開され始めている。実践としての経営戦略においては，とくに実践の概念を加えて，戦略と組織と実践との関係性が検討されている。実践という観点から，戦略や組織という概念を再定義したり，両者の関係性を再検討したりしていると言い換えてもよい。

　より具体的には，主に社会学や哲学において「プラクティス論（Practice Theory）」と称されるさまざまな研究が欧州を中心に蓄積されてきた。それらのなかには，実践を「プラクティス」と「プラクシス」との２つに区別する研究潮流がある。彼らは，われわれが日常的に使用している実践という意味のもの，すなわち"行為者の意図的な活動や個別的な行

為”については「プラクシス」であるとする。一方「プラクティス」について は日々の実践されている行動のなかでも，“慣習的な行動”と示して，とくにプラクティスに着目していく必要性を提起している（和田, 1996）。たとえば，特定の人の意思や時間を超えた社会的プラクティスとして，社会学者たちによってしばしば例示されるのが挨拶というプラクティスである。日本ではお辞儀をして挨拶する。欧州の多くでは握手をして挨拶をする。特定の人の意思や時間を超えたまさに慣習行動である。もしもそのコミュニティに適した挨拶ができない人間がいたならば異様視されるだろうし，さらに挨拶すらまともに交せない人間が増大したならば，そもそもコミュニティ自体の存立や存続さえ危うくなる。社会や人間の根底を支えるプラクティスに，グローバル化する今日だからこそその存在に再注目し，またその意義や重要性について再検討をし始めている。

　以上のようなプラクティスの概念から，実践としての経営戦略ならびに Community of Practice と称して，経営学においても経営戦略や組織に対する概念的な再検討がなされ始めている。たとえば，組織についてはプラクティスの束として，さらに戦略についてはその組織のプラクティスの一種として位置づける試みがある。“戦略はプラクティスに従う”や“戦略はプラクティスに埋め込まれている”としてその基本的視座が表現されることもある。つまり，特定の人の意思や時間を超えたプラクティスのなかに包み込まれたり，導かれたりしているのが人間や社会であり，いくつかのプラクティスが集積したものが組織であり，またその組織のプラクティスが表出したものが戦略であるととらえているのである。

　経営戦略を起点にして，戦略が組織を導き，さらに組織メンバーの実践行動を導いていくと位置づけるのが従来の経営戦略観である。一方で，実践のなかでも社会的なプラクティスを起点として，日々の実践が人材や組織を形成して，さらに戦略を導いていく，そうした過程に注目する

新たな経営戦略のプロセス研究であるとして位置づけられる。

日本企業において特定の人や業種，企業規模，時間などを超えて大切にされてきたプラクティスとは何か。その一例として掃除や整理整頓というプラクティスが挙げられる（大森，2016）。今日でも5S（整理，整頓，清掃，清潔，躾）と称して，日々実践し続けている企業が少なくない。掃除や整理整頓を大切にし続けると企業はどうなっていくのか，本章末の《レビュー・アンド・トライ・クエスチョンズ》の課題のひとつして示しているのでぜひ挑戦してみて欲しい。たとえば掃除や整理整頓が実践されない欧米企業と比較しながら考えてみて欲しい。

以上のように，実践としての経営戦略では，実践という概念を加えて戦略と組織との関係性を再検討し始めていた。近年は，経営理念という概念を加えて戦略や組織との関係性を再検討しようとする研究試行もある。営利企業は利益を獲得しなければ存続できない。しかしながら，ただ利益さえ獲得できれば良いのか，また利益をより多く獲得すればするほど良い企業なのか。経済的以上に社会的に良い企業経営について，あるいは倫理的に正しい経営戦略について問われ始めている。CSR（企業の社会的責任），CSV（企業と社会との共有価値創造），SDGs（企業と環境との持続可能な開発目標），ESG（環境，社会，ガバナンス）などとして企業の正義に関して近年議論されることも多い。本書では，とくに第2章で理念戦略として注目していくことにする。

ゲーム論をベースにした経営戦略

近年，従来の「組織は戦略に従う」型の経営戦略においてもまた新たな研究が試行され始めている。具体的には，数学の世界で始まったゲーム論を理論的なベースにして，新たな枠組みの構築や研究が進められている。先の哲学や社会学をベースにした実践としての経営戦略のみならず，経済学以外のさまざまな研究蓄積を理論的なベースとした新たな研

究が試行され始めているとも指摘できる。

　ここでは，ブランデンバーガーとネイルバフ（Brandenburger, A. M. and Nalebuff, B. J., 1996）による**価値相関図**（Value Net）という枠組みを示しておきたい。価値相関図とは，自社を中心にして，競争相手，補完的生産者，顧客，供給者の関係性を描くものである。ゲーム論をベースにしているため，ゲーム論の用語に則って，それぞれをプレイヤーと呼んでいる（図表1－5参照）。

　図表中の各プレイヤーは，市場というパイを大きくするために，時に協調する。たとえば，スマートフォン市場をより魅力的にして，市場規模を拡大するために，市場創造者であるアップルだけでなく，ドコモやソフトバンクなどの通信業社，SNSやゲームなどのさまざまなアプリ開発業者が協調しあう。さらにアップルに対抗するスマートフォン開発メーカー，たとえばサムスン，ファーウェイ，ソニー，シャープなども市場のパイを大きくする貢献者である。数多くの企業が参入してスマートフォン市場全体を華やかにすることで市場拡大していくことに貢献する。同時に，大きくなった市場というパイから自社がより大きな利益を獲得しようと競争もする。たとえば，アップルとソフトバンクとの間，

図表1－5　価値相関図

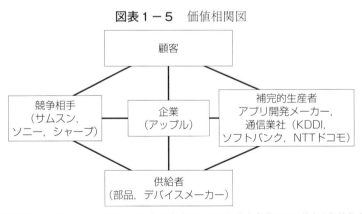

出所）Brandenburger and Nalebuff（1996）邦訳 p.41の図表を参考にして筆者が加筆作成

またアップルとサムソンとの間で，スマートフォン市場におけるパイの配分，すなわち利益配分をめぐるさまざまな競争が展開されることとなる。パイの拡大期には互いに協調し，パイの配分期に互いが競争するのである。本書では，第5章の「アライアンス戦略」において競争と協調の関係について詳述する。

　中長期的な戦略とは区別するために，短期的で，頻繁に変更もされるようなことは**戦術**と呼ばれることが多かった。しかし多数の企業がしのぎを削る現代のグローバル経営環境下では，あるいはスピードがとくに求められるデジタル経営環境下では，時に相手の裏をかく狡猾な計略も必要となる。ミンツバーグは短期的な策略も戦略のひとつとして位置づけて，**プロイとしての経営戦略**と称している。本書では，時に策略（プロイ）が重要となる「グローバル戦略」と「デジタル戦略」に関しては第6章と第7章でそれぞれ取り扱う。

経営戦略の6Pの関係性

　経営戦略といっても多様な戦略観があることをミンツバーグが示した。これまでに示してきた通りに，「プランとしての経営戦略（初期の戦略論研究）」，「ポジションとしての経営戦略（ポーターの競争戦略論）」，「パースペクティブとしての経営戦略（RBV）」，「パターンとしての経営戦略（創発的戦略）」，そして「プロイとしての経営戦略（ゲーム論をベースにした経営戦略論）」の5つである。すべて頭文字がPであるから，経営戦略の5Pとも称されている。さらに本章では，欧州で始まった「**プラクティスとしての経営戦略**（実践としての経営戦略）」を加えて，経営戦略の6Pとして示す。6つの関係性は図表1−6のように提示することができる。

　本章の最後に，プラン，ポジション，パースペクティブ，パターン，プロイ，プラクティスというこれら6つの経営戦略観の異同点や関係性

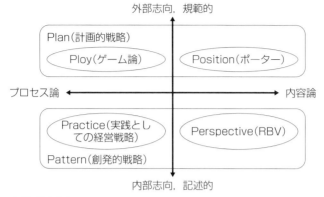

図表１－６　経営戦略の6P

外部志向，規範的

Plan（計画的戦略）
Ploy（ゲーム論）　　　Position（ポーター）

プロセス論　←→　内容論

Practice（実践とし
ての経営戦略）　　　Perspective（RBV）
Pattern（創発的戦略）

内部志向，記述的

出所）筆者作成

　について整理しておきたい。まずプランとしての戦略については，本章の前半でもみたように，計画的で，意図的な経営戦略である。反対に，パターンとしての戦略は，必ずしも計画的でも，意図的でもなく，さらに組織内部に戦略創造の始点を置いたものである。

　次に，ポジションとしての戦略やプロイとしての戦略については，どちらも「組織は戦略に従う」型の戦略であり，プランとしての戦略のなかのひとつとして位置づけることができる。ただし両者には相違点がある。ポジションとしての戦略は戦略の内容論的であるのに対して，プロイとしての戦略，とくにゲーム論をベースにした戦略論はより戦略創造の過程に着目しておりプロセス論的であることである。

　パースペクティブ，とくにRBVについては持続的競争優位の源泉となりうるような特性をもつ経営資源や組織的能力の探究をしており，パターンとしての戦略のなかでもより内容論的なものとして位置づけることができる。一方のプラクティスとしての戦略（実践としての経営戦略）についてはとくに戦略化の過程に注目しており，パターンとしての戦略のなかでもよりプロセス論的な研究として位置づけられる。

さらに，図表の上半分であるプラン，ポジション，プロイとしての経営戦略については，いずれも経営戦略の理想や規範を明示することを追究してきた。反対の下半分であるパターン，パースペクティブ，プラクティスとしての経営戦略では，実際の企業における経営戦略の現実や実態を記述することを追究しているとして位置づけることができる。

〟〟《参 考 文 献》〜〜〜〜〜〜〜〜〜〜〜〜〜〜〜〜〜〜〜〜

Andrews, K. R.（1971）*The Concept of Corporate Strategy*, DowJones-Irwin.（山田一郎他訳〔1976〕『経営戦略論』産業能率短期大学出版部）

Ansoff H. I.（1965）*Corporate Strategy: an Analytic Approach to Business Policy for Growth and Expansion*, Mcgraw-Hill Inc, 1965.（広田寿亮訳〔1969〕『企業戦略論』産業能率短期大学出版部）

Barney, J. B.（1996）*Gaining and Sustaining Competitive Advantage*, Addison-Wesley.（岡田正大訳〔2003〕『企業戦略論【上】基本編　競争優位の構築と持続』ダイヤモンド社）

Brandenburger, A. M. and Nalebuff, B. J.（1996）*Co-opetition*. New York, NY: Doubleday & Company.（嶋津祐一・東田啓作訳〔1997〕『コーペティション経営―ゲーム論がビジネスを変える』日本経済新聞社）

Chandler, A. D. Jr.（1962）*Strategy and Structure*, The M. I. T. Press.（有賀裕子訳〔2004〕『組織は戦略に従う』ダイヤモンド社）

Hofer, C. W. and Schendel, D.（1978）*Strategy Formulation: Analytical Concepts*, West Publishing Company.（奥村昭博他訳〔1981〕『戦略策定―その理論と手法』千倉書房）

Knights, D. and Morgan, G.（1991）"Corporate Strategy, Organizations, and Subjectivity: A Critique," *Organization Studies*, 12 : 251-273.

Mintzberg, H, Ahlstrand, B, and Lampel, J.（1998）*Strategy Safari*, The Free Press.（齋藤嘉則監訳〔1999〕『戦略サファリ―戦略マネジメント・ガイドブック』東洋経済新報社）

Pascale, R. T.（1996）"The Honda Effect," *California Management Review*, 38(4) : 80-91.

Penrose, E. T.（1959）*The Theory of the Growth of the Firm*, Oxford, UK:

Basil Blackwell.（末松玄六監訳〔1962〕『会社成長の理論』ダイヤモンド社）

Pfeffer, J. and Sutton, R. I.（2006）*Hard Facts: Diagnosis Half-Truth, and Total Nonsense: Prifitting from Evidence-Based Management*, Harved Business Press.（清水勝彦訳〔2009〕『事実に基づいた経営』東洋経済新報社）

Porter, M. E.（1980）*Competitive Strategy*, The Free Press.（土岐坤他訳〔1980〕『競争の戦略』ダイヤモンド社）

Reckwitz, A.（2002）"Toward a Theory of Social Practices," *European Journal of Social Theory*, 5(2)：243-263.

Taylor, F. W.（1911）*The Principles of Scientific Management*, Engineering and Management Press.（上野陽一訳〔1969〕『科学的管理法』産業能率短期大学出版部）

Wernerfelt, B.（1984）"A Resource-based View of the Firm," *Strategic Management Journal*, 5：171-180.

Westley, F. R.（1990）"Middle Managers and Strategy: Microdynamics of Inclusion," *Strategic Management Journal*, 11：337-351.

大前研一（1984）『ストラテジック・マインド―変革期の企業戦略論』プレジデント社

大森信（2016）『掃除と経営―歴史と理論から「効用」を読み解く』光文社

和田仁孝（1996）『法社会学の解体と再生―ポストモダンを超えて』弘文堂

--- 《いっそう学習（や研究）をすすめるために》 ------------

沼上幹（2009）『経営戦略の思考法―時間展開・相互作用・ダイナミクス』日本経済新聞社

　本章ではミンツバーグ他に基づいて，経営戦略論における6つの経営戦略観を示した。本書では，本章とは少し異なる視点でさまざまな経営戦略観を整理するとともに，日本企業の現状や課題に対して示唆に富んだ分析や提言をしている。

《レビュー・アンド・トライ・クエスチョンズ》

① 自社＝所属大学または学部として，SWOT 分析を通じて，自社
の積極的攻勢を具体的に提示してみてください。その分析を踏まえ
た上で，本章で示した以外の SWOT 分析の問題点について考えて
みてください。

② 日本企業のなかには，今日でも 5 S（整理，整頓，清掃，清潔，
躾）と称して掃除や整理整頓に取り組む企業が少なくありません。
身近な会社を対象にして，その経緯を調べたり，取り組んでいない
会社と比較したりして，現代企業において掃除や整理整頓を徹底す
ることの意味や効用について考えてみてください。

第  章

理念戦略

本章のねらい

　現代企業にとって経営理念はますます重要になっている。本章では，米国のウォルマート社の事例を検討するとともに，そもそも経営理念とは何か，経営理念を構成する要素は何かを明らかにしている。

　その上で，日本企業の経営理念の実際を歴史的にさかのぼって検討し，その中核となる思想が現代に通じるものであることを確認する。さらに，多くの企業事例を踏まえて，現代企業における経営理念の果たすべき５つの役割を抽出し，それぞれの役割について検討している。

　最後に，長年，業績が低迷していたソニーが復活したプロセスの分析を通じて，経営理念が高度の戦略性を帯びたものとして再定義されていることを確認する。現代企業における経営理念は，それ自体があらゆる戦略の中核に位置し，個々の戦略を超越した高次の戦略として〈メタ戦略〉ととらえるべきである。

米国ウォルマート社の経営理念

　米国アーカンソー州ベントンビルに本社がある**ウォルマート（Walmart Inc.）**は世界最大のスーパーマーケットチェーンであり，売上高世界最大の小売企業である。同社の発展は，1962年に創業者のサム・ウォルトン（Walton, S. M.）が，アーカンソー州ロジャース（人口6,000人）にディスカウントストアの第1号店を出店したところから始まった。ウォルマートは，当時の業界の常識を破って小さな田舎町に大型店舗を次々と出店し，それらをネットワーク化することによって，消費者に大量の商品を低価格で販売するという新しい業態を確立した。

　現在では，米国だけでなく，世界27カ国に11,400を超える店舗があり，売上高61兆5,000億円，営業利益2兆4,800億円，従業員数230万人，来店顧客数2.2億人／週という巨大グローバル企業に成長している（2020年度）。

　同社の経営の基本方針は，"**Every Day Low Prices**"（EDLP：エブリデイ・ロー・プライス）である。「EDLP」とは，日本語でいえば「毎日がお買い得」という意味であり，特売期間を設けず，すべての商品を年間を通じて同じ低価格で販売するという考え方である。従来，大手小売業者は，特別な日だけ特売日として特定の商品を安くして，その他の日は通常価格で売るというのがふつうであった。

　ウォルマートが，この方針を正式に導入したのは，1974年当時，業務担当副社長に就任した，ジャック・シューメーカー（Schewmaker, J.）である。彼は，「売り上げを伸ばし，効率を上げる」ための取り組みの一環としてEDLP戦略を正式に採用した。しかし，当初，この戦略は有効に機能しなかった。それまでの実績もなく，消費者の信頼を得ることができなかったからである。しかし日々の実践を続けた結果，ようやく半年後に売り上げが少しずつ上向き始めた。

実は，この戦略は，当初，"Low Prices Every Day" と呼ばれていた。それは，毎日，低価格で販売するという戦略の継続性，一貫性を強調するためであった。結局，ウォルマートは EDLP を毎日実践し続けることで顧客の信頼を勝ち取ったのである。

　現在では，EDLP という考えは，同社のミッション（corporate mission：わが社の使命）として次のように表現されている。

　"Saving people money so they can live better."「お客さまに低価格で価値あるお買物の機会を提供し，より豊かな生活の実現に寄与すること」

　ウォルマートは，商品を低価格で販売することが，会社の目的ではなく，そのことによって消費者が，より良い生活を送れるようになることこそが会社の存在意義であると宣言しているのである。

　同社は，こうした企業としてのミッションを果たすために，今後のあるべき企業像としてのビジョン（corporate vision：わが社の目指す姿）を設定している。

　"Be the destination for customers to save money, no matter how they want to shop."「（わが社は）顧客がどのように買い物をしたいかに関係なく，お金を節約すること（お買い得）を体験する場になる」

　このビジョンは2つの意味をもっている。第一に，ウォルマートの店舗が，単に低価格の商品を陳列して販売するという物理的な場所ではなく，顧客がお買い得という体験・経験ができる機会を提供する企業になることである。つまり，商品というモノではなく，顧客の体験・経験（コト）こそが提供すべき価値であるという意味である。第二に，今や消費者は，実際の店舗（リアル）に来て，お目当ての買い物をするだけでなく，同時に，スマホやPCを使って，ネット上で検索して，買い物をする（バーチャル）ようになっている。ウォルマートは，リアルとバーチャル，店舗とネットという2つのチャネルを組み合わせて顧客に提供する企業を目指しているのである。

ウォルマートはミッション，ビジョンを実現する上で，最も重要な担い手である，同社の従業員に対して４つの重要なバリュー（corporate values：わが社の価値観）を定めている。

・お客様のために尽くす　：　Service to the Customer
・すべての人を尊重する　：　Respect for the Individuals
・常に最高を目指す　　　：　Strike for the Excellence
・誠意をもって行動する　：　Action with Integrity

これら４つのバリューは，ウォルマートのすべてのメンバーが判断や行動する上での基準となるものである。この価値観を共有するために，全店舗の早朝ミーティングで，スタッフ全員が参加する場で歌と踊りで確認しあっている（ウォルマートの応援歌：Walmart Cheer）。

以上述べたような，企業としてのミッション，ビジョン，バリューの３つで構成される全体がウォルマートの経営理念を形作っている。それは，創業以来の同社の歴史の中で，形成され，継続され，共有されてきたものであり，すべてのメンバーが，理解し，実践するための挑戦を促し，支えてきたものである。今や，ウォルマートの経営理念は，同社の企業文化として定着している。

 2 経営理念とは何か

経営理念の概念的定義

経営理念（management philosophy）という用語をどう定義するかは，実はなかなか難しい。いきなりそう言ってしまうと身も蓋もないようだが，実務的にも学術的にも確立された定義は存在しない。ここでは，話を進めるためにいくつかの代表的な見解を示してみる。

「経営者自身によって公表された企業経営の目的およびその指導

原理」（中川敬一郎（1972）「『経営理念』の研究の方法と問題」中川敬一郎編『経営理念』ダイヤモンド社：9）

「経営者が企業という組織体を経営するに際して抱く信念，信条，理念であり，簡単には〈経営観〉といってよい」（高田馨（1978）『経営目的論』千倉書房：15）。

「経営者が企業経営にあたってもつところの信念，信条，理想であり，その企業の行動指針となる経営についての基本的な考え方」（小林則威・土屋守章・宮川公男編（1986）『現代経営事典』日本経済新聞社：152）

「経営者もしくは企業が表明するその企業の行動指針，企業の目的，規範，理想などを意味する」（神戸大学大学院経営学研究室編（1999）『経営学大辞典第2版』中央経済社：244）。

以上の4つの定義を参考にして，本書では，経営理念を次のように定義する。

「経営者（企業）によって表明された経営に関する信念，信条であり，企業の活動方針の基盤となる基本的な考え方である」

しかし，企業経営の実践上の課題は，そこに含まれる具体的な中身であり，それらの相互の関連性を通じた全体の構造である。そこで，ウォルマートの事例を参考にしながら，経営理念に含まれる要素とその関連性を検討してみよう。

経営理念の三層構造

経営管理（management）という概念を"発明"したといわれる，ドラッカー（Drucker, P. F.）は，不確実性，不安定性，多様性が増大する世界のなかで，企業の経営理念がますます重要になると予想している。「未来の社会においては，大企業，とくに多国籍企業にとっての最大の課題は，その社会的正当性を示すことであり，そのためには，ビジョン，

ミッション，バリューが必要となるであろう」（Drucker, 2002：201）。

　彼は，組織のリーダーが最初に行う仕事のひとつは，自らの組織のミッションを考え抜き，定義することであると述べ，これら３つの要素のなかでもとくにミッションの重要性を強調している。なぜなら，ミッションは，企業の存在意義を明らかにし，伝えることであり，ミッションの定義（mission statement）は，優先順位，戦略，計画および業務分担の基盤であると指摘している。

　次に，ドラッカーが指摘した，経営理念を構成する３つの要素について考察してみよう（図表２−１）。

　第一の「**ミッション**」（**mission**）とは，自社の事業の使命や目的を表したものである。つまり，会社は，自社が社会に対して果たす役割は何か，あるいは，事業を通して実現したいことは何かを明らかにしなければならない。

　言い換えれば，企業のミッションは，「われわれの会社は何のために存在するのか」「どのような価値を社会に提供するのか」といった，企業の根幹を支える「存在意義」を自らに問い，それを社会に宣言しているのである（こうした意味でのミッションは，パーパス（purpose）と呼ばれることもあるが〈ソニーの例を後述〉，本書では同じ意味をもつものとして扱う）。

　したがって，ミッションは単なるスローガンや建前であってはならない。それは組織を構成する人びとによって，事業活動全体を通じて実践されることによって，はじめて価値を生み出すことができるからである。

　企業のミッションを，企業活動を通じて実践するためには，経営理念の第二の要素である，企業のなりたい姿や形を明確にした「**ビジョン**」（**vision**）が必要になる。すなわち，ビジョンは企業がミッションを実践するために，より具体的に，組織としてのなりたい姿や目指すべき目標を明示したものであり，望ましい「未来の状態」「未来像」を表すもの

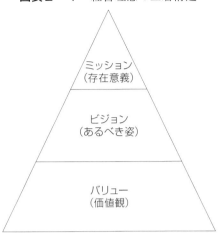

図表２－１　経営理念の三層構造

ミッション
（存在意義）

ビジョン
（あるべき姿）

バリュー
（価値観）

である。したがって，ビジョンは単なる将来の予測や期待を述べたものではなく，その実現のための明確な意思を表明するものでなければならない。ビジョンは，将来，われわれはどんな会社になりたいかを明確にし，社員全員が共有化し，かつ社会に対して示したものである。

　経営理念の第三の要素である「**バリュー**」（value）とは，自社が経営する上で，なにを大切にしているか，という組織としての価値観であり行動指針である。つまり，バリューは，企業のメンバー個々人が，仕事をする上での意思決定や行動の選択の際のよりどころになる基準であり，全社員が業務遂行にあたって，なにをなすべきか，なにをなすべきでないかの原則やルールを表したものである。言い換えれば，企業がミッションやビジョンを実践・実現する上で，なにを大切しているかを明らかにして，従業員に示すと同時に社会にも公表するものである。

　以上のことからも明らかなように，現代企業の経営理念を構成する「ミッション」，「ビジョン」，「バリュー」はそれぞれ，自社がなんのために存在するか（why），どのような企業を目指すのか（what），どのように実践するのか（how），という３つの根源的な問いに答えようとするも

のである。さらに，3つの構成要素は，それぞれが意味をもつだけでな
く，それらの間に一貫性，整合性がなければならない。そうでなければ，
経営理念として全体の方向性が一致せず，組織メンバーの間での誤解や
混乱が生ずることになる。すなわち，ミッション，ビジョン，バリュー
は三位一体のものとしてとらえることによってはじめて有効に機能する
のである。

日本企業の経営理念

「三方よし」近江商人の経営理念

　日本の伝統的な企業では，創業者の考え方をまとめた家訓や社訓，あ
るいは，その後の卓越した経営者が示した社是や綱領が定められている
ことが多い。

　中世から近世にかけて活躍した代表的な商人に「近江商人」（近江の
国：現在の滋賀県）と呼ばれる人びとがいる。江戸時代，商売の多くは
商圏の狭い「地商い」だったが，近江商人は全国を商圏にした。そこで
編み出されたのが「三方よし」の思想だった。かれらは古くから近江を
拠点として各地の特産品の交易活動を通じて，日本全国で広く事業活動
を展開してきた。近江商人は，商才に長けていただけでなく，独自の経
営理念をもち，それを実践したことでも知られる。「三方よし」はその
代表的な教えである。

　これは近江商人の一人であった，近江国神崎郡石場寺村（現・滋賀県
五個荘町石馬寺）の麻布商，中村治兵衛宗岸（1684〜1757）が宝暦4
（1754）年に養嗣子（孫娘の婿養子）に与えた「書置（かきおき）」（遺言状）のなかに
記されている。

　要旨は，「先ず，お客様のためを思って計らうことを優先すること。

他国へ行商するときも，すべて自分のことだけを考えず，その国すべての人を大切にして，私利をむさぼらないようにすること。そうすれば，心も安らかになり，健康にも良い。神仏のことはいつも忘れないようにすることが大切である」

　その後，この教えが広く近江商人の間に広まり，後に，売り手よし，買い手よし，世間よし，という意味で「三方よし」と言われるようになった。この「三方よし」の経営理念は，現代企業に求められる自社の利益追求（利己）を超えた顧客重視や社会的責任，社会貢献（利他）との関連で改めて注目すべきであろう。

「三綱領」三菱グループの経営理念

　明治・大正期の日本の近代化の過程のなかでは，よく知られた例として，三菱財閥（現・三菱グループ）の４代目社長の岩崎小弥太が定めた「三綱領（さんこうりょう）」がある。「所期奉公」「処事公明」「立業貿易」の３つである。

　「所期奉公（しょきほうこう）」の意味するところは，事業活動の究極の目的は社会への貢献であり，事業を通じ，物心共に豊かな社会の実現に努力すると同時に，かけがえのない地球環境の維持にも貢献することである。ここから明らかなように，所期奉公は，三菱の企業としてのミッションの表明である。

　「処事公明（しょじこうめい）」は，何事であれフェアープレイに徹するということであり，公明正大で品格のある行動を旨とし，事業活動の公開性，透明性を堅持する。これは，企業のバリューである価値観，行動原則を示したものである。

　「立業貿易（りつぎょうぼうえき）」文字通りには「対外貿易を主たる業務とする」ことだが，小彌太社長が言いたかったことは，グローバルな視野に立つことの重要性であり，全世界的，宇宙的視野に立脚した事業展開を図るということである。これは，三菱の企業としてのビジョン，つ

まり，将来のなりたい姿，あるいは，長期的な目標を示したもので
ある。

「三綱領」は，1930年代にまとめられたものであるが，現在でも，三
菱グループの150年余の歴史の中で引き継がれてきた経営の根本理念と
考えられている（参照「三菱グループサイト」mitsubishi.com）。

「綱領」「信条」「七つの精神」 松下電器の経営理念

昭和の時代を代表する成長企業である「松下電器グループ」（現・パ
ナソニックグループ）の経営理念は，創業者の**松下幸之助**が定めた「綱
領」「信条」「私たちの遵奉すべき精神」に示されている。

松下幸之助は1918年創業以来，「何のために事業を行うのか」という
事業の「真の使命」について深く考えるようになった。それを表したの
が「綱領」と「信条」である（1929年発表，その後改訂）。

会社および社員が果たすべき役割が「綱領」である。

「綱領」

産業人たるの本分に徹し，社会生活の改善と向上を図り，世界文化
の進展に寄与せんことを期す

全社員が固く信じて守るべきことがらが「信条」である。

「信条」

向上発展は各員の和親協力を得るに非（あら）ざれば得難し，各員
至誠を旨とし一致団結社務に服すること

全社員が仕事をするうえで発揮すべき心構えが，次の「七つの精神」
である（1933年①〜⑤発表，1937年に⑥，⑦追加）。

「私たちの遵奉すべき七つの精神」

①産業報国の精神，②公明正大の精神，③和親一致の精神，④力闘
向上の精神，⑤礼節謙譲の精神，⑥順応同化の精神，⑦感謝報恩の
精神

さらに，松下は，新たに制定した松下電器の創業記念日（1932年5月5日）を期して「産業人の使命」を全従業員に対して示した。

「産業人の使命」

産業人の使命は貧乏の克服である。そのためには，物資の生産に次ぐ生産をもって富を増大させなければならない。水道の水は加工され価あるものであるが，通行人がこれを飲んでもとがめられない。それは量が多く，価格があまりにも安いからである。産業人の使命も，水道の水のごとく物資を豊富にかつ廉価に生産提供することである。それによってこの世から貧乏を克服し，人々に幸福をもたらし，楽土を建設することができる。わが社の真の使命もまたそこにある。

この「産業人の使命」は，松下電器の目指す企業の姿として，人びとの間に種々の商品が十分にいきわたっていない時代状況のなかで，商品を豊富にかつできるだけ低価格で提供することを示している。それによって，貧困を克服し，幸福をもたらすことのできる企業になりたいという意思を内外に宣言している。

この宣言は，後に「水道哲学」と呼ばれるようになり，第二次大戦後の日本経済の再建と，その後の高度成長時代をリードする社会的な理念として広く受け入れられた。

以上が，松下電器の創業者，松下幸之助が定めた経営理念である。ここから明らかなように，「綱領」は「ミッション」に相当し，「産業人の使命」は「ビジョン」に，「信条」及び「七つの精神」はバリューに相当するものということができるであろう。また，「綱領」，「信条」，「七つの精神」は，現在でも，ウォルマートの場合と同じように，その共有化を図るために，世界各地の事業所で定期的に開かれる「朝会」で，社歌の斉唱に続いて全員で唱和されている。

三菱グループやパナソニックグループの例にみられるように，卓越し

たリーダーの実践と思索を通じて定めた社是や社訓，綱領は現在でも重要な意義をもっている。

　しかし，多くの場合，伝統的な社是や社訓は，時代の変化のなかで，そのままでは正しい理解や実践を導くことが難しくなってくる。現代からみれば，時代も異なり，表現や記述も理解が難しく，ともすると，精神論や抽象論に陥りがちとなる。さらに，明確な社是，社訓がなく，インフォーマルに伝統や社風の形で語り伝えられているような企業の場合は，組織的，公式的な取り組みや一貫性のある実践は難しくなってくる。

 ## 現代企業における経営理念の役割

　ここで改めて，21世紀の現代企業にとって経営理念が果たす役割をまとめてみよう。

企業の存在意義を明らかにする

　現代企業を取り巻く環境は激しく変化している。とりわけ顧客や消費者の意識や行動は日々変化している。社員の意識も社会の変化のなかで多様化している。企業が，こうした変化する環境のなかで生存し，成長していくためには，自社がなんのために存在するか，事業を通じてどのように社会に貢献するかを明らかにする必要がある。

　企業経営を船の航行に例えれば，ミッションは航海の目的や意味を明らかにするものであり，ビジョンは進むべき方向や目的地を指し示す役割を果たしている。バリューは，目的や方向性，目的地を目指す上での，乗組員が守るべき航海術やマナー（シーマンシップ）である。

　明確な経営理念をもたない企業は，環境変化の荒波のなかで，目的地をもたない船舶と同じように，漂流し，座礁し，難破することになる。

　現在，インターネットを活用して大きな成功を収めている米国発の代

表的な IT 企業は "**GAFA**" の名称で呼ばれている。すなわち，検索エンジンの Google（グーグル），電子商取引の Amazon（アマゾン），SNS（Social Network Service）の Facebook（フェイスブック，現・メタ・プラットフォームズ）およびスマホやタブレット，PC などの Apple（アップル）である。これらの企業はいずれもシリコンバレーから生まれた新興企業であるが，短期間のうちに目覚ましい成長を遂げ，それぞれの分野をリードする世界的な巨大企業の地位を確立している。4 社に共通するのは，それぞれ独自のミッションを打ち出していることである（図表 2 - 2）。

図表 2 - 2 "GAFA" のミッション

米国発の主要 IT 企業

Google のミッション
　世界中の情報を整理し，世界中の人がアクセスできて使えるようにすること

Amazon.com のミッション
　地球上で最も豊富な品揃えを提供し，お客様のすべてのニーズに応え続けること

Facebook のミッション
　コミュニティづくりを応援し，人と人がより身近になる世界を実現すること

Apple Inc. のミッション
　革新的なハードウエア，ソフトウエア，およびサービスを通じて，お客様に最高のユーザーエクスペリエンスを提供すること

出所）各社 HP 他から筆者作成

　米国発祥の GAFA のミッションに共通しているのは，多くの日本企業と比べて，きわめて具体的であり，達成しようとする事柄が明確であり，その上で自社の独自性が打ち出されている点である。それぞれの会社の独自性は，社会や顧客のもつ課題を解決するための独自の組織能力（強み）を基盤にしている点に注目しなければならない。

　比較する意味で，日本の伝統的な大企業のひとつである，日立製作所の経営理念をみてみよう。**日立グループ**は，創業者小平浪平が抱き，創

業以来大切に受け継いできた「企業理念」，その実現に向けて先人たち
が苦労を積み重ねるなかで形づくられた「日立創業の精神」，さらにそ
れらを踏まえ，日立グループの次なる成長に向けて，あるべき姿を示し
た「日立グループ・ビジョン」の3つを，MISSION，VALUES，VISION
として体系化したものを「日立グループ・アイデンティティ」と定義し
ている（図表2－3）。

　日立グループでは，企業の基本的な理念であるミッションと，中核的
な価値観であるバリューを一体のものとしてとらえ，それらを実現する
ためのあるべき姿としてのビジョンを示している。

　全体を通じて言えるのは，日立グループの経営理念は，上記のGAFA
と比べて，抽象度が高く，精神的な要素が強く，具体的なイメージとの
つながりが必ずしも明確ではないと言うことである。おそらく，GAFA
と日立グループの経営理念にみられる差異は，日立が創業1910年という

図表2－3　日立グループの経営理念の体系

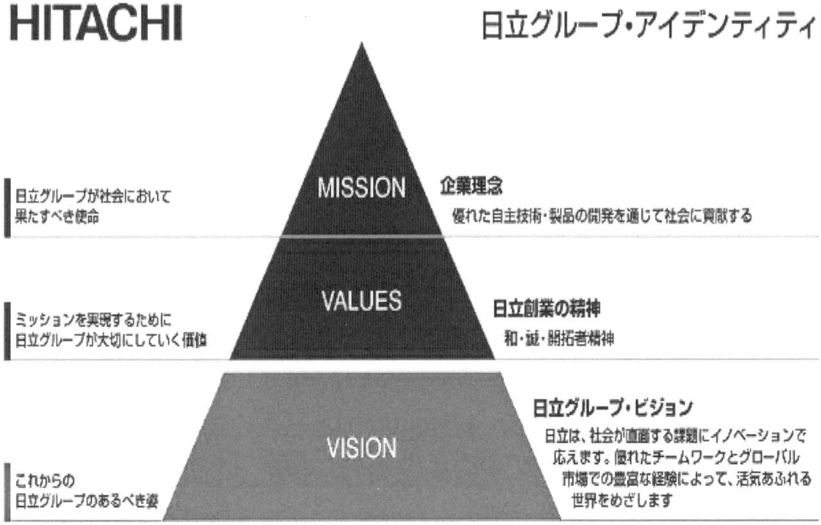

出所）日立製作所 HP
　　　https://www.hitachi.co.jp/about/corporate/identity/index.html（2021年11月5日閲覧）

老舗企業であり，グループの長い歴史の中で培われ，受け継がれてきた理念や精神が重視されることに加えて，事業分野も日立グループが長年にわたって事業を展開してきたため，金融ビジネス，社会ビジネス，サービス＆プラットフォームビジネス，ディフェンスビジネスなど多様な分野に広がっているため（グループ企業数1,200社超），広範なグループ事業全体を括るミッションやビジョンが描きにくいのに対し，米国発のGAFAは創業後日が浅く（最も古いアップルが1976年，他の3社は1994年以降の創業），カリスマ型の創業者の影響力が強く，事業の範囲も限定的で事業展開の焦点も明確であることによるものと考えられる。

　以上のような比較からも明らかなように，現代企業の経営理念は，それぞれの会社の歴史や伝統，事業展開の広がりや事業分野の性格などによって異なる傾向があり，そこにそれぞれの会社の個性があり，独自性が発揮されることになる。

将来の企業像を見える化する

　現代企業の多くは法律上からは私企業であり，民間企業である。しかし，もはや，それは少数の資本家や経営者の私的所有物ではない。

　企業は社会的な存在であり，企業の周りには多くの**ステークホルダー（利害関係者）**が存在する。現代企業を取り巻くステークホルダーは，従業員や株主のほかに，顧客・消費者，取引先，金融機関，債権者，各種団体，国・地方の行政機関，地域社会などの多様な主体が存在する。しかも，経済やビジネスのグローバル化に伴い，ステークホルダーも国境を越えて広がっている。

　日本を代表するグローバル企業であるソニーグループの場合，全世界で開発・生産・販売・サービスなどの拠点が数千カ所，売り上げの70％が海外市場，従業員の半数以上が外国人で国籍は65カ国，株式の59.7％が外国人所有である（2020年度）。

自社の経営の方針や活動が，こうした多様な利害関係者に理解され，共感されるためには，企業の現状と未来の形を言葉や数字でわかりやすく示す必要がある。そのためには，企業の存在意義の明確化が必要であり，将来像としての独自のビジョンを打ち出し，メンバー全員で共有すべき価値を実際の行動を通じて具体化しなければならない。

　明確な経営理念の存在は，企業の存在する目的と役割を社会に宣言することによって，将来の企業像を見える化（可視化）することを可能にする。

メンバーの価値・行動の共通基盤を提供する

　現代企業はグローバル化，情報化が進展するなかで，ますます多様なメンバーが参加するようになっている。そうした多様な参加者のベクトルを合わせ組織としてのパワーを発揮するためには，明確なミッションの表明，将来像としてのビジョンの提示に加えて，具体的な判断や行動を導くための共通の尺度としてのバリューが機能しなければならない。

　企業の経営理念は，現在の組織メンバーの意識や行動を方向付けるだけでなく，新たに企業に入社しようとする人びとの動機づけとしても重要である。近年，若い世代や女性を中心に，多くの人びとの働くことの意識や価値観が変わりつつある。そうした人びとの間では，単に経済的な理由だけでなく，企業やそこでの仕事が社会的な課題を解決することにつながっているかどうか，仕事を通じて学習し，成長する機会が開かれているかどうかが重視されるようになっている。

　言い換えれば，将来のメンバーや働く人びとから選ばれる会社になることが求められているのである。その際，経営理念とその実践が，重要な判断材料になる。

「企業の目的は，それぞれ企業の外にある。企業は社会の機関であり，目的は社会にある。したがって，企業の目的として有効な定義は一つしかない。顧客の創造である」（ドラッカー，1973：73）

企業の目的として，一般的には，売り上げや利益の最大化，株主価値の最大化，雇用の創出，社会貢献などが挙げられる。もちろん，企業にとっては，どれも重要である。しかし，企業は顧客が存在して初めて売り上げ，利益，株主価値，雇用，社会貢献が実現できる。

しかし，現実には，顧客，株主，従業員，社会の要求は多様であり，一致しないことも多い。こうした矛盾を前向きにとらえて独自の取り組みをしている例として，トマト製品を中心に成長してきた食品会社，**カゴメ**の取り組みを紹介しよう。

同社は「感謝・自然・開かれた企業」という企業理念（ミッション）のもと，「日本はもちろん世界が抱えるさまざまな社会課題の解決に，これまで培ってきたトマトや健康への知見で積極的に取り組み，持続的に成長できる「強い企業」「野菜の会社」としてのカゴメを2025年のあるべき理想の姿（ビジョン）として打ち出した。さらに，カゴメ行動規範（バリュー）のひとつとして，「共助」を掲げ，ステークホルダーとの連携や，地域社会における共助をうたっている。

カゴメは社外の重要なステークホルダーとして，消費者＝顧客＝株主という観点から，主婦を中心とする個人株主重視の方針のもとで，ガバナンス体制の強化に取り組んできた。それが2001年度から始まった，「ファン株主10万人づくり」の取り組みであり，より多くの株主の目で企業活動や経営成果を評価することにより経営監視機能の強化につながるという考えに基づくものである。

その結果，当初6,500名だった株主数が，2005年には10万名を超え，2020年12月末現在で17万9,340名に増加している。さらに，注目すべき点は，一般の顧客と株主（顧客）の月平均購入単価を調査したところ，一般の消費者がカゴメ商品を月平均100円購入するのに対し，株主は月1,300円購入するという大きな開きがみられた点である。

　消費者を顧客にさらに株主としてファン（サポーター）になってもらうことによって，カゴメは顧客からの共感や共鳴を獲得して，顧客と協働する会社を目指している。

経営戦略の核として機能する

　冒頭のウォルマートの例でみたように，現代企業の経営理念は，創業者や経営者の基本的な哲学に基づくとしても，単にそれだけで終わるものではない。より具体的に企業の存在意義やあるべき姿を明確にし，組織メンバーの日常の行動につながるものでなければならない。

　そのためには現代企業の経営理念は，行動の前提となる経営戦略を策定し，実践する上での一貫した正当性の判断基準としての役割を果たさなければならない。その意味で，現代企業の経営理念は単なる抽象的な概念ではなく，実際の経営戦略と密接に関連した，すべての戦略の核を形作るものでなければならない。

　経営理念それ自体が実際の戦略とは別のものではなく，むしろ経営戦略の独自性や創造性を生み出す基盤（**メタ戦略**）であり，その意味をより明確にするためには，「**理念戦略**」として位置づけ直す必要があるであろう。

　最後に，経営トップ自らが経営理念と経営戦略との結びつきを再確認することによって，企業の構造改革に取り組みを進めている事例として，ソニーの近年の取り組みをみてみよう。

5 ソニーの復活と理念戦略

ソニーの危機と転機

　かつて，トリニトロンカラーテレビ，ウォークマン，プレイステーションで一世を風靡したソニーが，1997年度の連結営業利益5,257億円をピークに，2000年以降長期の業績低迷に陥った。売り上げはそこそこ伸びているのに比べ利益の落ち込みが大きかった。とくに，主力のテレビ事業は2011年度まで8年連続の赤字であり，2008～2011年度は，会社全体でも，4年連続の最終赤字を計上した。先進的なテクノロジーをベースとした数々の革新的な新製品で培われた「ソニー神話」は崩壊し，もはや復活は不可能とまで言われるようになった。

　こうした厳しい状況のなかで，2012年4月に新しい社長兼最高経営責任者（CEO）に平井一夫が就任した。就任直後に発表した2011年度の決算は，ソニーの歴史上過去最大の4,566億円の赤字であった。

　平井は1984年にソニーの子会社のCBSソニー（現・ソニー・ミュージックエンタテインメント）に入社し，そこで10年以上勤務した後，ゲーム子会社の米国事業の立て直しに携わり，その後もゲームビジネスで仕事を続けた。ソニーの主力であるエレクトロニクス事業の経験は，社長就任前の1年間だけである。

　平井が，それまでのキャリアのほとんどを傍流事業に携わってきたことが，「エレキを知らない社長」として社内やOBから厳しい目で見られることになった。しかし，このことは反対からみれば，不退転の覚悟を決めたトップが自由な立場から改革を進める上での原動力にもなった。

　みずから精力的に世界中の現場を回って，社員の意見に耳を傾けるなかで，多くの若手の社員の中にある閉ざされた情熱に気づき，トップと

して取り組むべきことは，この情熱を解き放ち，改革のパワーとして結集することだと考えた。そこから平井の「痛みをともなう改革」が始まった。最盛期のソニーを象徴する米国本社ビルの売却，化学事業の売却，パソコン（VAIO）事業の売却，テレビ事業の分社，バッテリー事業の売却を次々に実行に移し，その集大成として，全事業を分社化する方針を打ち出した。その上で，2018年に平井の後任に就任した吉田憲一郎会長兼社長が，2021年にグループの統括会社として，新たに，「ソニーグループ株式会社」を設立し，ソニーの変革を加速させる体制を整えた。

　以上が，平井を中心とする，ソニー改革のハード部分であるとすれば，経営理念の見直しと創造がソフト部分の核となっている。

　「最初に考えたのは，ソニーにはミッションやバリュー，ビジョンという『どういう会社になりたいのか』というものが全くないな，ということでした」

　「その結果，エレキやゲーム，映画，音楽といった各事業がてんでバラバラな方向を向いてしまっていた。これだけ広範なビジネスを抱えるようになった今だからこそ，まずは『この会社はなんのためにあるのか，どうありたいのか』を定義する必要があると考えました。それをやらないとなにをやっても意味がない」（杉本貴司，2021）。

　もともとソニー（旧東京通信工業）には，技術者の井深大と実務家の盛田昭夫という二人の共同創業者がいる。日本の敗戦後間もない，1946年1月，井深大が起草したのが「設立趣意書」である。そのなかで会社設立の目的の第一に掲げられているのが次の文章である。

　「真面目なる技術者の技能を，最高度に発揮せしむべき自由闊達にして愉快なる理想工場の建設」

　ここには，自由闊達な環境で技術者の能力を最高にまで高めることで，今まで誰も作ったことのないエレクトロニクス製品を創りたい，という井深の想いが込められている。さらに，経営方針の第一には，「不当な

る儲け主義を廃し，あくまで内容の充実，実質的な活動に重点を置き，いたずらに規模の大を追わず」と書かれている。

　社員が自由で楽しく活躍できる場を作る，という目的を実現するために，また量的な拡大よりも質の追求を重視するという方針のもとで，ソニーという会社が誕生したのである。

　平井は社長就任後5年目を迎えた，2017年度経営方針説明会で「原点へのチャレンジ」を打ち出し，新たなミッション，ビジョン，バリューを発表した。

ミッション：ユーザーの皆様に感動をもたらし，人々の好奇心を刺激する会社でありつづけること

ビジョン：テクノロジー・コンテンツ・サービスへの飽くなき挑戦で，ソニーだからできる，新たな「感動」の開拓者となる

バリュー：規模を追わず違いを追う

　創業から70年を経て，ソニーは創業の原点を振り返り，創業の志を現代に生かすために，経営理念の再定義を行ったのである。

　新たに定められた経営理念のキーワードは「感動」である。顧客に感動をもたらすために，自らが感動を創造する，それは規模ではなく違いを追求することによって可能になる。

ソニー "感動経営" の進化

　この「感動」をさらに進化させ，経営の中心に据えたのが，平井の後継者の吉田憲一郎である。2013年12月，吉田は平井の要請を受けて，既に転籍していた子会社のソニーコミュニケーションネットワーク（現・ソニーネットワークコミュニケーションズ）社長からソニー（現・ソニーグループ）に復帰した。復帰後は平井の改革を補佐し続け，2018年4月に代表執行役社長兼CEOに就任，2020年6月に代表執行役会長兼社長CEOに就任している。

吉田は，平井の改革を引き継ぎ，その成果を具体化するためにリーダーシップを発揮した。とくに重視したのが，新しい経営理念の浸透・共有化であり，その実践・具現化であった。

　吉田は社長就任初年度の2018年度経営方針説明会で，「長期視点の経営」に言及した。これは，もうひとりの創業者，盛田昭夫から学んだことである。さらに，翌2019年度には「この１年に手掛けた最も重要なことは，ソニーの存在意義（Purpose）を定義したこと」と振り返っている。

　新たな経営理念（ソニーの目的）を作り上げる取り組みは2018年７月からスタートを切ったが，その後，半年以上の時間をかけ，社員からも広く声を募り，2019年１月に「クリエイティビティとテクノロジーの力で，世界を感動で満たす」と定義され，公表された。その際，吉田は，「ソニーという会社を長期的に持続可能にしていくためには，我々の存在意義は何かをきちんと定義し，社員としっかり共有することが重要だ」と訴えた。

　2020年度決算では，売り上げ８兆9,994億円，営業利益9,719億円，純利益１兆1,718億円と売り上げ，利益とも過去最高の業績を達成し，ソニー復活を世界に印象づけた。

　これを受けた2021年度の経営方針説明会で，吉田は次のように語っている。「過去３年を振り返ると，**ソニーの存在意義，Purpose** を定義し，それを企業文化として定着させてきたことが，私にとっては最も大きな成果でした。とくに，昨年から続いているコロナ禍において，当社の11万人の社員は感動を世界に届け続けることの社会的意義を実感したと思っています」。

　吉田は繰り返しソニーの存在意義（パーパス）を強調し，このパーパス「感動」を軸にすべての事業戦略，すべての企業活動が展開されることが重要であると述べている。

　現在，同社の経営理念の内容は次のように定義されている。

Purpose 存在意義

　クリエイティビティとテクノロジーの力で，世界を感動で満たす。

Values 価値観

　夢と好奇心：夢と好奇心から，未来を拓く。

　多様性：多様な人，異なる視点がより良いものをつくる。

　高潔さと誠実さ：倫理的で責任ある行動により，ソニーブランド
　　　　　　　　　への信頼に応える。

　持続可能性：規律ある事業活動で，ステークホルダーへの責任を
　　　　　　　果たす。

　2021年度の経営方針説明会では，これらに加えて「顧客基盤を現在の1億6,000万人から10億人に拡大する」というビジョンを打ち出した。

　ソニーの復活と挑戦は，まだその途上にあるが，現在までの軌跡を見る限り，経営理念に高度な戦略性と独自性を盛り込むことによって，現実の戦略構築の核と位置づけていることがわかる。今後は経営理念をすべての戦略の基盤としてのメタ戦略〈理念戦略〉ととらえることが適切であろう。

〜〜《参 考 文 献》〜〜〜〜〜〜〜〜〜〜〜〜〜〜〜〜〜〜〜〜〜〜〜〜〜〜

Drucker, P. F.（1973）*Management: Tasks, Responsibilities and Practices*, Harper & Row.（上田惇生訳〔2008〕『マネジメント―課題，責任，実践（上）』ダイヤモンド社）

Drucker, P. F.（2002）*Managing in the Next Society*, St. Martin's Press.（上田惇生訳〔2002〕『ネクスト・ソサエティ―歴史が見たことのない未来がはじまる』ダイヤモンド社）

琴坂将広（2017）「全社戦略を立案する：組織の永続に必要な4つの取り組み」ハーバード・ビジネス・レビュー・オンライン，2017.3.31

佐々木亨（2003）「小売業における価値創造―ウォルマート」『名古屋商科大学論集』47(2)：155-182

清水馨（1996）「企業変革に果たす経営理念の役割」『三田商学研究』39(2)：

　　87-101

杉本貴司（2021）「ソニー復活秘話（中）」日経産業新聞，2021年7月20日

田口冬樹（2005）「ウォルマートの経営戦略—成長のプロセスと競争優位の
　　源泉について」『専修経営学論集』81：1-51

松下幸之助（1986）『私の行き方考え方—わが半生の記録』PHP研究所

〜〜《いっそう学習(や研究)をすすめるために》〜〜〜〜〜〜〜〜〜〜〜〜

コリンズ, J. and ポラス, J. 著，山岡洋一訳（1995）『ビジョナリー・カンパ
　　ニー —時代を超える生存の原則』日経BP出版センター

　　　ビジョナリー・カンパニー，すなわち長寿企業，なかでも米国におけ
　　る長寿企業を調査した書。そして長寿企業と経営理念との関係性について，
　　調査結果に基づいて示されている。

野中郁次郎・竹内弘高，黒輪篤嗣訳（2020）『ワイズカンパニー —知識創
　　造から知識実践への新しいモデル』東洋経済新報社

　　　日本の先進的な企業に注目して，知識創造型企業（Knowledge Creat-
　　ing Company）として世界に向けて発信を続けてきた著者たちが，その
　　さらなる進化型としてワイズカンパニーとして発信し，現代企業におけ
　　る経営理念の重要性についても論じている。

《レビュー・アンド・トライ・クエスチョンズ》

①　経営理念とはなんでしょうか。

②　現代企業にとって経営理念の果たす役割はなんでしょうか。

第  章

全社戦略

本章のねらい

　本章では，全社戦略に注目する。具体的には，全社的
な多角化戦略，持続的競争優位，イノベーション戦略の
それぞれについて注目をする。多角化戦略では，多くの
企業がなぜ多角化をするのかという多角化の必要性とと
もに，多角化の種類と方法，多角化の管理について示す。
持続的競争優位においては，リソース・ベースト・ビュー
と称される研究群に注目して，全社的な持続的競争優位
の源泉となりうる経営資源や組織的能力について整理す
る。またこうした一連の研究群の課題についても示す。
イノベーション戦略では，企業が競争優位を持続するの
が現実には容易でない理由をイノベーションのジレンマ
として示す。さらに企業の安定性と革新性の両立を求め
た両利きの経営についての近年の研究動向とともに，
100年を超えて組織を持続させる長寿企業の伝統と革新
の経営についての新たな研究試行に注目をする。

多角化戦略

　本章では，経営戦略のなかでもとくに全社戦略に注目する。全社戦略とは，世の中の変化に対応しながら，企業全体がさらに成長したり今後も存続したりするための戦略である。**成長戦略**や**企業戦略**と呼ばれることもある。

　チャンドラー（Chandler, A. D.）が提示した有名な命題「組織は戦略に従う」を第1章の冒頭で紹介したが，その命題が表現するように，初期の経営戦略論研究においては，主に企業組織全体の戦略に注目した研究展開が少なくない。ホッファーとシェンデル（Hofer, C. W. and Schendel, D.）（1978）は，多くの欧米企業が第二次世界大戦後の経済発展期に，今後自社をいかに存続させたりさらに成長させたりするのかという課題に直面したという時代的背景を示す。そこで企業が長期的に存続したり規模を拡大したりしていく過程で，全社レベルの戦略が求められるようになってきたと示す。

　アンゾフ（Ansoff, H. I.）（1965）は，図表3−1のような**成長ベクトル**という考え方を通じて，企業がさらなる成長をしていくためには大きくは2つの方向性（ベクトル）があり，4つの具体的な戦略があることを提示する。具体的には，企業が提供する製品や技術面で新しい方向性を目指すのか，あるいは市場や顧客面で新たな方向性を目指すのかという2つの方向性である。また図表中の①から④が4つの戦略である。①の**市場浸透**とは，既存製品を既存市場でさらに普及させていくことに注力していく戦略である。②の**市場開拓**は，既存の製品を海外など新たな市場で展開していく戦略である。③の**製品開発**は，既存の市場や顧客に対

図表３－１　成長ベクトル

製品・技術

	現	新
市場・顧客　現	①市場浸透	③製品開発
市場・顧客　新	②市場開拓	④多角化

出所）Ansoff（1965）邦訳 p.137を基にして筆者作成

して，新たな製品や技術によってそのニーズを満たしていく戦略である。
そして④の**多角化**は，製品や技術，市場や顧客のいずれにおいても新し
いことに挑戦する戦略である。今日では，③の新たな製品開発も含めて，
多角化戦略と称されることも少なくない。

<hr>

多角化戦略の必要性

　成長ベクトルの図表が示す通りに，多角化は企業にとってより新規性
が高い戦略，すなわちより失敗する危険性が高い戦略となる。それでも
多くの企業は，しばしば多角化戦略に挑戦する。なぜ現実の多くの企業
が多角化を指向するのか。企業が多角化をする理由として大きくは次の
２つが挙げられる。

　１番目の理由が，**未利用資源の有効活用**である。なぜ企業内に未利用
資源が発生するのか。それは，**学習効果理論**あるいは**経験曲線理論**と呼
ばれるものが背後にある。人も組織も経験を重ねるほどに，学習をして
より効率的に活動をするようになる。ボストン・コンサルティング・グ
ループ（以下，BCG）は，さまざまな事業分野を対象にした調査を通じて，
製造現場に限らずさまざまな企業活動を総合して勘案してみると，どの
事業分野であっても累積生産量が２倍になると，単位当たりのコストが

平均２割程度低減することを突き止めている。つまり同じ製品やサービスであっても，100個目よりも200個目の方が約２割安く提供でき，その分多く利益が得られるのである。より多く市場シェアを握っている企業ほど，より利益率が高くなるという PIMS（Profit Impact of Market Strategies）研究の発見事実の説明根拠ともなる理論である。しかしながら，この学習効果理論は負の側面もある。同じ事業活動を継続していると，未利用資源が発生してしまうことである。組織内にはある程度の余裕が必要であるものの，時にその遊びが緩みになってしまう危険性がある。全従業員のなかの２割が何も仕事をしなくてもよい状態を想像して欲しい。いずれ２割が怠惰なだけでなく，他の従業員にも緊張感の欠けた状態が伝染していく危険性が想像できるのではないだろうか。とくに長期雇用が多い日本企業においては，未利用資源が発生しやすくなる。そこで未利用資源を有効活用するために，少なくない企業が多角化戦略を指向することとなる。

　２番目の理由が，**リスクの分散**である。どのような事業であっても常にリスクがともなう。変化のスピードの速い IT 事業においてはもちろんのこと，たとえば法規制が緩和されて数多くの企業が新規参入したり，技術革新によって自社の製品やサービスが陳腐化したりするなど，事前に想定しなかった事態に急に陥ることがある。さらに**事業のＳ字カーブ**として示される通りに，事業というのは導入期，成長期，成熟期を経て，やがて衰退期に陥っていく。単一事業のみに依存していると，その事業の衰退とともに，企業も衰退してしまう危険性が高い。そこでリスクを分散するために，事業の数を増やすという多角化戦略を指向することとなる。

多角化の種類と方法

　企業が多角化をする理由や必要性として，未利用資源の有効活用とリ

スクの分散の２つがあることを挙げた。未利用資源を有効活用するために多角化に挑戦する企業では，**関連型多角化**を展開する企業が少なくない。既存の事業と関連した分野の多角化の方が，既存資源をより有効にかつより効率的に活用できるからである。したがって長期雇用が多い日本企業においては，関連型多角化が展開されることが多い。なお関連型多角化には，**技術関連型**と**市場関連型**の多角化のさらに２種類がある。たとえば，パソコンの製造，販売を営む企業がパソコン事業での液晶技術を活用して，薄型テレビ事業に進出することが技術関連型の多角化である。またこの企業がプリンター事業に進出をして，自社パソコンと親和性の高いプリンターを顧客に訴求していくことが市場関連型の多角化である。

　一方，既存事業とまったく関連しない新事業への挑戦は，**非関連型多角化**と称される。株主の影響力が強く，リスクの分散が強く求められる欧米企業のなかには，非関連型多角化を展開する企業が少なくない。また日本企業でも長期雇用でない企業，株主の影響力が強い企業においては非関連型多角化が指向されることがある。なお非関連型多角化に挑戦して，互いがほとんど関連しない事業群で構成されている企業のことを**コングロマリット企業**と呼ぶ。

　多角化の種類として，大きく関連型多角化と非関連型多角化の２種類があることを上述したが，それぞれにおいては多角化の方法も異なってくる。関連型多角化では，未利用資源を有効活用するために，自前の資源をできるだけ活用していく。すなわち**内部成長方式**と呼ばれる多角化の方法がしばしば採用される。一方，非関連型多角化においては，自前の資源が有効活用できないような分野にあえて多角化しており，外部の資源に依存することが多い。そこで，**外部成長方式**と呼ばれる多角化の方法がしばしば採用される。一般的には，他企業を買収や吸収合併するM&A（Mergers and Acquisitions）と呼ばれる方法である。

内部成長方式では，内部資源を活用して，新たな事業に挑戦する。したがって，その挑戦を通じて，社内にまた新たな経験や知識が蓄積されていくという好循環が生じる可能性が期待できる。ただし自前資源によってゼロから新事業を立ち上げていくのは時間が要することとなる。一方のM&Aでは，事業に必要な経営資源をワンセットで買い取るために，時間を要さない。スピードが求められる現代企業においては，関連型多角化であってもM&Aが活用されることがある。また多角化以外においても，グローバル競争下での生き残りのために，同業他社間との合従連衡がM&Aによって進められることが近年少なくない。ただし，各企業によってその企業文化や歴史が異なるために，M&A後にさまざまな問題が生じる危険性もある。旧企業間で派閥的な対立が生じたり，互いの仕事の進め方の違いで連携が取れなかったり，有能な人材ほど退職してしまったりといった事態に陥ることがある。最終的には，M&Aが解消されてしまう事例もある。そこで近年は，内部成長方式と外部成長方式のそれぞれの強みを活かし，また弱みを補強しようと，互いを融合させたアライアンスに取り組む企業が増加している。なお**アライアンス**についての詳細は，第5章にて取り扱う。

　ルメルト（Rumelt, R. P.）（1974）は，本章よりもさらに細かく多角化を分類した上で，米国企業を対象にした調査結果を提示している。具体的には，企業業績がもっとも悪かったのが非関連型多角化を進める企業であったことを提示する。吉原ら（1981）は，ルメルトの枠組みを援用して，日本企業を対象にした調査結果を示す。具体的には，多角化の程度が高いほど，売上高成長率などの企業の成長性を表す指標も高くなっていく。一方，自己資本利益率（ROE）や投資資本利益率（ROIC）といった企業の収益性を表す指標については，中程度に多角化をする企業がもっとも高かったことを示している。すなわちルメルトの調査結果と同様に，非関連型多角化企業の収益性が低かったことと共に，さらに未多

角化企業の収益性も低かったことを提示している。

　企業は，多角化戦略によって，時間を経るほどに多くの事業を保有することになる。限られた資源をどのようにして有効配分すればよいのか。多角化した企業の事業管理手法として，**PPM（プロダクト・ポートフォリオ・マネジメント）** と呼ばれるものがある。

　PPM は，先の学習効果理論を提示した BCG によって1970年代に提案された手法である。その手法は，大きく２段階からなる。まず第１段階では，企業が抱える事業群を２軸で整理して，４つに分類する（図表３－２を参照）。２つの軸のひとつが自事業の相対的市場占有率であり，もうひとつが市場成長率である。

　相対的市場占有率について，BCG は「自事業の市場占有率÷最大競合他社の市場占有率」から算出することを求める。そして1.0以上の事業を高市場シェア事業として分類する。すなわち業界単独第１位もしくは同率１位の事業のみが高市場シェア事業と分類されることとなる。自事業の市場占有率の高さは，その事業から得られる資金の流入の多さを

図表３－２　PPM（プロダクト・ポートフォリオ・マネジメント）

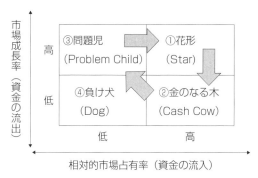

出所）筆者作成

意味する。先述した通り，BCG が提示した学習効果理論に基づくと，どの事業分野であっても累積生産量が２倍になると，単位当たりのコストが平均２割程度低減する。つまり市場占有率が高い企業ほど，同じ製品やサービスをより安く提供できるので，より多くの利益を獲得できることとなる。そこで市場占有率が高い事業であるほど，多くの資金が流入する事業と位置づけられるのである。

　一方の市場成長率については，当時の BCG の基準では年10％を超える市場を高成長市場として位置づけている。高成長市場は，世の中から注目されがちな華やかな市場である。同時に，多くの競合他社が参入する市場であり，競争の非常に激しい市場である。次々と投入される新製品開発のための費用，広告宣伝のための費用など多くの費用を要する市場である。すなわち市場成長率の高さは，資金の流出の多さを意味するのである。

　BCG は，以上の市場占有率と市場成長率の２軸により，企業が抱える事業群を４つのタイプに区別し，それぞれに名称を与えている。具体的には，図表中の①が「高市場シェア・高市場成長」型事業であり，**花形**事業と名付ける。②が「高市場シェア・低市場成長」型事業であり，**金のなる木**事業と呼ぶ。③が「低市場シェア・高市場成長」型で**問題児**事業，また④が「低市場シェア・低市場成長」型で**負け犬**事業と称する。

　上述の通りに，高市場シェア事業とは，資金の流入量が多い事業である。とくに低市場成長型である②「金のなる木」事業では，もう多くの投資を必要としない。そこで BCG は，③「問題児」事業に対して，「金なる木」事業の余剰資金を投入することを提案する。なぜなら「問題児」事業は，低市場シェアのため資金の流入量が少ないにもかかわらず，高成長市場であるために激しい競争に勝ち抜くのに多くの資金を要する事業だからである。その「問題児」事業のテコ入れに成功すれば，市場シェアが向上して，①「花形」事業として育つ可能性が期待できる。ただ

し「花形」事業もやがて市場成長率が鈍化して，「金のなる木」事業に落ち着いていく。つまりBCGは，PPMの第2段階として②⇒③⇒①⇒②⇒③⇒①…と循環をさせていく事業管理法を提案したのである。また低市場シェアかつ低市場成長の④「負け犬」事業については，企業に対して収益面で貢献する可能性が低いことから早めに撤退する決断を促したのである。

今日においても，1970年代に提案されたこのPPMを基本にして各社なりに分別基準を少し変更したり，あるいはPPMの発展版であるビジネス・スクリーンと呼ばれたりする手法が企業の現場でしばしば活用されている。章末の《レビュー・アンド・トライ・クエスチョンズ》では，ビジネス・スクリーンの内容を調べるとともに，その基礎となっているPPMの問題点について考える課題を提示しているので，ぜひ挑戦して欲しい。

 ## 2 企業の持続的競争優位

RBV

1980年代以降，日本企業も含めて企業間の国際競争が激しさを増していく。とくに日米間では，「ジャパン・バッシング」と称されるほどの貿易摩擦が生じた。国際競争で勝ち残っていくために，多くの企業は自社の真の強みを求め始めていく。企業の長期的な成長力の源泉，持続的な競争優位の源泉を学術的に探究したのが**リソース・ベースト・ビュー**（以下，**RBV**）と呼ばれる研究群である。

RBVの起源については，経済学者ペンローズ（Penrose, E. T.）の1959年の著書『会社成長の理論』にまで遡ることができる。彼女は経済学者でありながら，市場を分析の中心対象としてきた既存の経済学の限界を

論じる。とくに企業の成長の源泉を外部市場に求めることの限界点を示す。いかなる市場も無限には拡大しない，したがって市場成長に依存した企業成長には限界があるとする。そこで企業外部ではなく，企業内部に成長の源泉を求めていくことを提起する。とくに企業内部の経営資源とその資源を管理するシステムについては，企業規模の大小を問わずにすべての企業で不可欠であって，そうした内部資源および資源を活用する企業の能力こそがすべての企業にとっての成長の源泉になりうることを提起する。

　より具体的には，いかなる経営資源もたったひとつのサービスしか提供できないわけではなく，複数のサービス提供のために利用できる可能性を秘めている。すなわち保有する内部資源の無限の可能性を見出し，そして有効に活用していくことが，経営陣に求められる能力であると論じる。規模の大きい企業ほど享受しやすい規模の経済性と対比させて，成長の経済性と称して，規模を問わずすべての企業が享受できて，無限の成長の源泉ともなりうる経営資源と資源活用能力の重要性を指摘したのである。

　RBV の研究群では，さまざまな研究者がさまざまなことを論じており，その中身は一枚岩であるとは言い難い。ただし，多くの研究者がペンローズによって指摘された経営資源および資源を活用する組織的能力の重要性に注目している。つまり，企業内部のさまざまな強みのなかでも，長期的な強みとしてとくに経営資源と**組織的能力**に着目しているのが RBV なのである。バーニー（Barney, J. B.）（1996）は，多様な研究者による多様な考えを整理して，VRIO という指標を提示している。具体的には，①**経済的価値**（Value），②**稀少性**（Rarity），③**模倣困難性**（Inimitability），④**組織的**（Organization）という判断指標である。さまざまな経営資源や組織的能力のなかでも，この4つの特性を満たすものが企業の強みとなるとして指摘する。さらに③の他社による模倣困難性の高さが企業の

競争優位の持続性ならびに利益の持続性と大きく関連することを示す。1980年代以降，さまざまな研究者によってさまざまな資源や能力の重要性がさまざまな概念を通じて発信されている。以下では，とくに日本企業を研究対象にして世界に向けて発信された概念をいくつか提示していくことにする。

情報的経営資源（見えざる資産）と知識創造企業

　上述したように，吉原ら（1981）は，日本企業の多角化戦略について調査分析したが，そのなかで日本企業の多角化の特徴を説明するために「**情報的経営資源**」という概念を提示している。この研究チームの一員であった伊丹（1984，1987）は，後にそれを「**見えざる資産**」として世界に発信する。この情報的経営資源には，他の３つの経営資源（ヒト，モノ，カネ）とは異なる特性がいくつかある。

　第一が，情報的経営資源は企業内部だけでなく，外部にも蓄積されていくという特性である。たとえば，企業内部に蓄積されていく情報的経営資源として，技術，ノウハウ，顧客情報などが挙げられる。一方，外部に蓄積されていく情報的経営資源としては，企業イメージ，ブランド，トラストなどが挙げられる。第二は，**自然蓄積性**という特性である。上述した情報的経営資源の例の多くは，日々の企業活動を通じて，少しずつ蓄積されていくものである。逆に言えば，資金を投じてもすぐに獲得することが難しいという特性がある。他の資源に比べて，市場調達容易性が低く，企業特異性が高い資源として指摘できる。すなわち他社にとっては模倣困難性が高く持続的競争優位の源泉になりうる経営資源と指摘できる。第三は，**多重利用可能性**という特性である。ブランドなどの情報的経営資源は何度使用しても使い減りすることはない。技術などは何度も使用することで，むしろ技術が深化したり，あるいは蓄積コストが低減したりしていくことにもなる。加えて特定の事業分野だけでなく，

さまざまな事業分野でも活用できる可能性も高い。すなわち情報的経営資源は，多角化成長の源泉ともなりうる資源なのである。そして吉原らは，多くの日本企業がまさに情報的経営資源を多角化成長の源泉にしていたことを指摘する。ただし見えざる資産とも称されるように，視覚的にとらえたり，物理的に触れたりすることが難しいという特性もある。したがって，企業内でその価値を過小評価したり過大評価したりしてしまう危険性も指摘される。

　野中ら（1996）は，情報のなかでもとくに知識の重要性に着目する。そして継続的に新しい知識を世の中に発信できる企業を「**知識創造企業**」と称する。より具体的には，知識には大きく**形式知**と**暗黙知**の２種類がある。形式知は，文字や数字で示すことが容易な知識である。職場のマニュアルやさまざまなテキストなどが典型例である。一方の暗黙知は，言語化するのが難しい知識である。熟達者のスキルや経験者のノウハウなどが典型例である。野中らは，他者に対してこれら知識，なかでも暗黙知を伝えることがより難しい状況下にこそ，さまざまな工夫や知恵が発揮されて，新しい知識が創造されていくと指摘する。そして，その状況を「共同化（Socialization）」「表出化（Externalization）」「内面化（Internalization）」「連結化（Combination）」という４つのプロセスとして示し，頭文字を取り SEIC モデルと称している。すなわち４つのプロセスを社内で循環させ続けていくことで，継続的に知識が創造されていく可能性を指摘する。先の情報的経営資源が資源そのものの重要性に注目していたのに対して，知識創造企業では知識を継続的に創造する組織的能力に注目しているものとして位置づけることができる。

コア・コンピタンス

　情報的経営資源および知識創造企業は，日本の経営学者が日本企業を研究対象にして世界に発信した概念である。**コア・コンピタンス**につい

ては，海外の研究者が日本企業に注目することで，世界に発信した概念である。このコア・コンピタンスは実務家にも広く知られた概念となり，現在でも企業の現場で使用されることが少なくない。ただし，コア・コンピタンスとは自社の強い技術のことであるとして誤用されることが多い概念でもある。

　コア・コンピタンスという概念は，1990年にハメルとプラハラッド（Hamel, G and Prahalad, C. K.）によって発信された概念である。彼らは，1980年代に飛躍的に成長したいくつかの日本企業に注目した。同時に，それら日本企業と同業種で，1980年代の初めには日本企業を凌駕していた米国企業にも注目した。そして日本企業と米国企業を比較分析して，歴史も長く，規模も大きかった米国企業が停滞してしまった原因を求めた。

　比較分析の結果，彼らは，米国企業が情報的経営資源も含めて経営資源の量でも質でも日本企業より勝っていたと示す。反対に，必ずしも経営資源の量や質が豊かではなかったものの，日本企業は限られた資源を巧みに組み合わせる能力に長けていたとして，その組織的能力をコア・コンピタンスと称した。つまりコア・コンピタンスとは，企業の単なる技術力ではない。技術と技術など経営資源を上手に組み合わせる能力の重要性を指摘した概念なのである。彼らは，ソニーのコア・コンピタンスをしばしば具体例として挙げる。ソニーは，ポケットサイズのラジオ，携帯型音楽プレイヤー，CDやMD，パスポートサイズのビデオカメラなど消費者の生活スタイルを大きく変えるような製品を世界で初めて開発し次々と発売してきた。それぞれで使用されている技術，すなわち情報的経営資源は異なるものの，共通して使用されているのが小型化というコア・コンピタンスであると指摘する。さまざまな技術を上手く組み合わせて，驚くほど小型にしてしまうという組織的能力こそがソニーの持続的な競争力や成長力の源泉であると示したのである。

　なおハメルとプラハラッドは，さまざまな組織的能力のなかでもとく

にコア・コンピタンスと称するためには３つの特性が求められるとする。第一が多様な市場への参入を可能とする，第二が顧客価値に貢献する，第三が他社による模倣が困難である能力の３つである。バーニーが示したVRIOと類似した判断基準であり，コア・コンピタンスもまたRBVのひとつの概念として位置づけることができる。

ダイナミック・ケイパビリティ

　以上で示した概念以外にも，RBVの文脈の下で多くの国の研究者が多くの概念を発信している。**ダイナミック・ケイパビリティ**は，それらさまざまな概念を包括するような概念として位置づけることができる（Teece et al., 1997）。ティースらは，これまでのさまざまな経営資源や組織的能力に関する研究を整理して，とくに長期持続的な競争優位の源泉になる組織的能力の究極型を求めて，その能力の内容や特性を理論的に追究した。追究の結果，単一の組織的能力だけでは持続的な競争優位の源泉とはなり得ないとして，３つの能力が保有される必要性を提示した。具体的には，①機会や脅威を感知する能力（sensing），②機会を活かす能力（seizing），③企業の有形・無形の資産を向上させ，結合し，必要時には再構成することで競争力を維持する能力（reconfiguring）の３種の能力である。つまり，先のコア・コンピタンスについても第３の能力の一部分でしかなく，コア・コンピタンスのみでは持続的競争優位の源泉にはなり得ないことを指摘したともいえる。

　ただし，このダイナミック・ケイパビリティはあくまでも理論的な提示であり，現実にこの３つの能力のすべてを保持することは容易ではない。つまり理論的な追究をすればするほど，持続的な競争優位の源泉を実際の企業が保持することの難しさを明示する結果にもなったのである。さらに言えば，ダイナミック・ケイパビリティについてもコア・コンピタンスについても目に見えない組織的能力であり，企業各社が実際に保

持しているかどうかを確認することが非常に難しい。また企業文化や歴史とも深く結び付いているために，企業がそれら組織的能力を意図的に構築したり，変革したりすることも容易でない。すなわち，RBVの研究進展とともに，実務的な実現可能性および学術的な実証可能性の困難さが顕在化することとなった。企業が変化に対応し，成長していくための持続的競争優位の源泉を追究し続けた結果として，次第にその源泉が複雑化，不明瞭化したとして課題を指摘することができる。

3 イノベーション戦略

イノベーションのジレンマ

　RBVの一連の研究を通じて，持続的競争優位の源泉となる組織的能力を実際の企業が獲得したり，あるいは企業においてその存在の有無を確認したりすることが容易でないことが提示された。以下では，そもそも企業が持続的な競争優位を実現することが可能なのかを検討していきたい。

　1982年に刊行されたピーターズとウォーターマン（Peters and Waterman）の『エクセレントカンパニー』は世界中でベストセラーとなった。彼らは，1980年代初め当時業績の芳しくなかった大企業が多かった米国において，それでも高業績を確保していた米国超優良企業43社を取り上げて，それらに共通する特性を**エクセレントカンパニー**の8つの基本特性として提示した。具体的には，①行動の重視，②顧客に密着する，③自主性と企業家精神，④「ひと」を通じての生産性向上，⑤価値観に基づく実践，⑥基軸から離れない，⑦簡素な組織・小さな本社，⑧厳しさと緩やかの両面を同時にもつ8つである。とくに超優良企業では，**組織文化**と呼べるようなその企業固有の価値観が皆で共有されていたこと，

さらに顧客に密着したり，従業員の行動力や自主性を重んじたりする組織文化が多かったことに学術的にも実践的にも大いに注目が集まった。ただし，ローゼンツワイグ（Rosenzweig, P.）が数年後に再調査したところ，過半数の優良企業の業績が平均以下になってしまっていたと報告されている。

　加えてクリステンセン（Christensen, C. M.）（1997）は，『イノベーションのジレンマ』のなかで，優良企業の凋落は，決して彼らの慢心によるものでなかったと示す。むしろ優良企業の重要な特性として示された，常に顧客に密着したり，従業員の行動力を重んじたりするその価値観や行動原理が原因であったとする。

　具体的には，**イノベーション**には持続的なイノベーションと破壊的なイノベーションの２種類がある。既存製品の性能を高めることに貢献する技術革新が**持続的イノベーション**である。他方で，既存製品の性能向上には貢献しないような技術革新も組織内外でしばしば起こる。顧客に密着した優良企業においては，既存顧客に対してそうした新技術の必要性の声を求める。しかしながら既存顧客の大多数は，既存製品の性能を向上させることのない新技術に対しては否定的な意見を示す。そこで優良企業もまた顧客満足度が向上しない，さらに市場規模も未だ小さい新技術に対して懐疑的となる。実際，そうした新技術のほとんどが実際に市場から消え去っていく。しかし，いくつかの新技術が今までにない新しい顧客のニーズに対応しながら，少しずつ新しい市場を創造していく。さらに時間の経過とともに，その技術が洗練されていき，やがて既存製品の性能までも大きく向上させる**破壊的イノベーション**になる。その結果，その新技術への対応を見送った優良企業が凋落していくことを示す。

　彼は，ハードディスク，鉄鋼，掘削機といったさまざまな業界において，以上のようなプロセスが何度も繰り返され，その都度当時の業界リーダー企業が凋落してしまったことを提示している。優良企業の組織特性

そのものが持続的競争優位の実現を困難にしていたことをクリステンセンが**イノベーションのジレンマ**として表現したのに対して，レオナード・バートン（Leonard-Barton, D.）（1992）は，前節の RBV の観点から企業が持続的競争優位を実現することの難しさを説明している。彼女は，競争優位に貢献するコア・コンピタンスを保持する企業ほど，時代の変化とともに，そのコンピタンスが機能しなくなり，さらには企業にとっての足かせともなってしまう危険性を示す。具体的には，企業においては製品開発などさまざまなプロジェクトを遂行する際に，既存の強みであるコア・コンピタンスに依拠しがちになる。しかしコア・コンピタンスへのこだわりが，限定された問題解決法や実験行動しか試行せずに，新たな方法論や外部知識の取り込みを制限してしまう。とくに時代の変化とともに，強みであったはずのコア・コンピタンスが**コア硬直**（Core Rigidities）となり，すなわち弱みとして露呈してしまう危険性が高くなることを提示している。両者ともに，過去の大きな成功要因やプロセスが，逆に足かせとなってしまう危険性を指摘しており，**成功の罠**とも称される。

　さらに，近年のような国境を超えた企業間の競争が激化している経営環境下では，企業が競争優位を持続することがより困難になっていることも示されている（Wiggins and Ruefli, 2002）。具体的には，過去25年間の40の産業，6,772の米国企業を対象にして分析をした結果，近年になるほど，競合他社と比較して非常に高い業績を10年以上維持し続ける企業数が減少していることを示している。海外企業も含めて，多数の競合他社との熾烈な競争環境下にある現在，企業が持続的競争優位を実現することが現実としてますます容易でなくなっているのである。

両利きの経営

　企業内部の組織慣性ならびに企業外部の競争環境が現代企業の持続的競争優位の実現を困難にしているという研究成果を踏まえた上で，以下

ではさらに国内外の最近のイノベーション戦略に関する研究動向にそれ
ぞれ注目していく。まず国外においては，成功の罠から脱却して，組織
の安定性と革新性とをいかにして両立させるのかという研究が進められ
ている。その研究動向の起源は古く，意思決定や問題解決の研究に長年
注力し1978年にノーベル賞を受賞したサイモン（Simon, H. A.）および彼
との共著者であるマーチ（March, J. G.），彼らの1950年代からの一連の
研究成果にまで遡ることができる。とくにマーチは1991年の論文のなか
で，**組織学習**には既存の知識を**活用**（Exploitation）するモードと新たな
知識を**探索**（Exploration）するモードの２つがあることを明示している。
組織学習論のもう一人の大家であるアージリス（Argyris, C.）（1977）は，
企業において**シングルループ学習**と**ダブルループ学習**との２種があるこ
とを示している。シングルループ学習とダブルループ学習は，先の活用
モードと探索モードとにそれぞれ近い概念である。シングルループは，
既存のシステム内で行動を改善させるような学習であり，ダブルループ
は，行動の前提そのものを見つめ直して，行動を大きく変革させるよう
な学習である。いずれの研究群においても，互いが二律背反的で両立が
容易でないこと，あるいは企業内ではシングルループ学習や活用モード
が強化されて，ダブルループ学習や探索モードが生じにくいことが示さ
れてきた。

　近年の研究では，上述のように両立が容易でないにもかかわらず，両
立を成功させた，あるいは失敗した事例に注目をしながら，両立させる
ための必要条件が探究されている。それらは，**両利きの経営**の研究と称
される。

　オライリーとタッシュマン（O'Reilly, C. A. and Tushman, M.）（2016）は，
長年の研究調査を通じて，近年少なくとも４つの必要条件が不可欠にな
ることを示している。具体的には，①知識探索活動と活用活動の両方が
社内で必要であり，正当であることを明示する戦略的意図，②新たな探

索活動の育成や資金供給に対する経営陣の積極的な関与と支援，③探索活動を行うための自立性の高い小規模なユニット組織，④探索ユニットと活用ユニットの両方に共通するビジョンやアイデンティティの４つである。すなわち，企業にとって新規の探索活動がこれまでの仕事のやり方や価値観に呑み込まれてしまわないように組織的に自主性や正当性を担保する。また完全に別の組織にして既存活動と大きく乖離や対立しないように，同時に探索活動が既存資源を活用しやすいような体制にすることを求めているのである。

　以上のような提案は，経営学においては分化と統合の問題として取り扱われてきた。両利きの経営の研究においては，とくにこれまでに４つのタイプの分化と統合の方法が示されている（Raisch et al., 2009）。第一は，地理的な方法である。先のオライリーとタッシュマンは，同じ組織内で探索ユニットと活用ユニットを併存させることを求めており，地理的な統合型として位置づけられる。一方，イノベーションのジレンマを指摘したクリステンセンは，両者を完全に別組織にすることを求めており，地理的分化型として位置づけられる。第二は，時間的方法である。静態的な方法では，探索と活用を同時に追求していく。一方，動態的な方法では，ある時期は探索に注力し，別の時期は活用に注力していくことを提案している。第三は，主に組織的な仕組みによって探索と活用を両立させるか，各個人の能力に依存して両立させるかという両立させる主体に着目した提案である。第四は，外部と積極的に連携しながら両立を模索するのか，組織内部完結型で両立を模索するのかという外部資源への依存度に着目した提案である。

　ここまでは，企業組織の安定性と革新性を両立させるための近年の海外での研究動向に注目してきた。現時点では未だ両立のための必要十分条件ではなく，さまざまな必要条件の探究をしている段階であるとして指摘できる。日本においては，圧倒的な競争優位を維持している企業で

はないものの，時に100年を超えて長期安定的な経営を続ける企業に注目をして，その企業経営や戦略の特徴に目を向けた研究が展開され始めている。本章の最後で，そうした日本を含む国内外の最新の研究試行について注目したい。

長寿企業の経営戦略

　わが国は，世界一の長寿企業大国であり，創業または設立から100年を超えた寿命を誇る企業総数が3万3,259社存在する（帝国データバンク「長寿企業の実態調査」2019年）。この数は，世界でも断トツである。長寿企業の多くは家族経営の会社（**ファミリービジネス**）でもあると同時に，成長よりも存続を第一義としているところに特徴がある。これらの企業は，長期的な存続に関する優位性を保持しているとして注目が集まっている。

　わが国特有の長寿企業を論じる際に，「技能の人材」や「経営の人材」の育成法を含めて，とくに長寿企業ならではの独自性や革新性を支えている制度，慣行を論じる上で参考となるのが，**加護野忠男**らが提唱する**ビジネスシステム（事業システム）**である。このビジネスシステムとは，企業の経営資源と経営資源から価値を生み出すための仕組みから成り立ちまでを指し，事業を長期的にわたり持続することにつながるものである（加護野，1999；伊丹・加護野，2003；加護野・井上，2004；加護野・山田，2016）。

　ビジネスシステムの進化をもたらす要因には，製品技術・生産技術の変化や取引・組織技術の変化，組織外（社外）のさまざまな取引相手との間にどのような関係を築くかなどが挙げられ，とくに社会構造や生活慣習の変化が**制度的叡智**を論じる上で重要になってくる。それは，組織がさまざまな経営資源をシステム化して，そのことが文化として定着していくことが，制度的叡智としてとらえられるからである。また，ここ

でいう制度は，単に文化のみを述べているのではなく，たとえば，組織を通じて，人間の行動などに蓄積されていき，一見単純に同じことを繰り返しているような作業が，実は技能継承，人材育成につながり，それが制度のなかに組み込まれていくのである。このことにより，競争相手が簡単にまねることができない，あるいはまねるまでに時間がかかるという持続優位性が生じる。こうしたビジネスシステムの概念を清酒の灘五郷，京都花街，工芸産業，伝統建築などの長寿企業や伝統産地に焦点をあわせた研究などを対象に，埋め込まれてきた制度的叡智を見出し，同組織の独自性，優位性を明らかにしてきたのである。

　これと関連して，とくにファミリービジネスを論じる上で有用な分析視角のひとつに2010年代から，世界的にも活発に議論されだしたのが，**社会情緒的資産理論**（Socio-emotional wealth theory，以下 **SEW**）である。**ゴメスメヒア**（Gomez-Mejia）ら（2011）は，SEW は前提として，金銭的な経済合理性よりも非財務的効用（金銭的な富，利益以外を指す）を優先し，社会的認知や情緒的動機に導かれた意思決定を通じて，ファミリーによる永続経営，情緒的なニーズを満たすことを指すと論じた。くわえて，地域のステークホルダーとの関係を重視してきた。このため，ファミリービジネスは，金銭的な利益を犠牲にしてでも SEW を維持するために会社を管理することが着目されている。それは，ファミリービジネスの共通の価値観とネットワークに関連している。

　ゴメスメヒアらは過去の研究を例に挙げて，非財務的な要素を強調する長寿のファミリー企業の３つの特徴的な要素を指摘した。ひとつ目の要素は，情緒的な特性の強い考え方である。ファミリー企業の経営者たちは，強い情緒的な考え方に基づいて，記憶を世代から世代へと受け継ぎ，社会的組織としての長い歴史を築き上げてきた。２つ目の要素はファミリー企業全体に影響を及ぼしているファミリー独特の価値観である。３つ目の要素は，ファミリー企業の経営者たちに共通してみられる利他

的行動である。

　ダニー・ミラー（Miller, D.）ら（2005, 2012）は，長寿企業やファミリービジネスを対象に研究を重ね，その上でSEWの主な目的のひとつは，家業を存続させ，将来世代に引き継ぐことであると指摘している。彼は，ファミリービジネスと非ファミリービジネスの比較研究を行い，その結果，ファミリービジネスのほうが平均的に業績も高く，寿命も長いと指摘した。

　その上で，長寿のファミリー企業は5つの特徴的な戦略があると指摘する。第一にファミリービジネス自体の会社名，屋号を戦略の中心に据えるブランド戦略，第二に熟練の特殊な技能や技術を中核とするクラフトマン戦略，第三に生産および販売での高い効率性の達成を競争優位の源泉とするオペレーション戦略，第四に画期的な新製品を連続して生み出す高い研究開発力を競争力とするイノベーション戦略，第五に時代の要請やニーズの変化に対応して事業創出し，業態を変化させるディールメーカー戦略である。この5つの戦略タイプは，業種業態などによっても関連性の差異があろう。たとえば，ブランド戦略は，最終製品が直接顧客と関わるB to Cの場合，より重要度が増す。また，クラフトマン戦略であれば，B to Bの建設業や製造業などではこの戦略は非常に重要なものとなる。

　アリー・デ・グース（De Geus, A.）（1997）の『**リビングカンパニー**』では，長寿企業には4つの共通点があると指摘する。第一に，環境の変化に対して敏感。第二に，強い結束力があり，企業組織全体の健康状態を大切にする経営者に経営を委ねている。第三に，連邦型の経営を行って現場の人びとの判断を大切にしている。第四に，資金調達に関して保守的で質素倹約を旨としている，との共通点を示した。日本の長寿企業がどのような経営をしてきたのかを知ることは，経営の長期的な健全性を考える上で貴重なヒントになる。日本の長寿企業も，時代の変化に対

して敏感である。変化への対応に際して，自社の基軸を大切にしている。伝承された技術やノウハウが利用可能な範囲でしか仕事をしていない。

　清酒醸造会社の多くは，明治になり，全国市場の成立とともに，瓶詰めの酒を出荷し，自社ブランドを確立した。戦後は焼酎，地ビールやワインなど，多種類にわたり市場へ進出している。他の企業も同様である。京都の福田金属箔粉工業（1700年創業）は，もとは仏具や織物，蒔絵用の金箔や金粉の製造販売を手がけていたが，最近は，携帯電話機用の金属箔分野に進出し，変化に対応している。老舗の宮大工企業の多くも，建築技術の変化に対して敏感である。設計や施工を法律や客の好みに合わせて床暖房やバリアフリーなど，顧客との継続的な関係の下で建物の維持管理を通じて，将来の収益源の確保まで織り込み実践している。技能や技術の伝承は，たんに守り続けるだけでなく，技術進歩や環境変化に対して新しい技術を生み出し，習得することも含むのである。

　上記内容からも共通しているのは，存続に価値を置く価値観である。近世，日本で広く伝えられた「商いは牛の涎」である。つまり，細く長くの重要性を今一度考え戦略立案を考える必要がある。そして，地域に根差し，地域から必要とされ，社会に組み込まれてきた。長寿企業の多くは，一朝一夕では模倣されない仕組みを何百年，幾世代と積み重ね，叡智や仕組み（システム）が構築されてきた。ここから現代企業が学びとれる内容は多分にあろう。本章で論じたビジネスシステムやSEWなどとも照らし合わせながらその戦略を再考することで新たな知見が見出せると考える。

＞＞《参考文献》

Ansoff, H. I.（1965）*Corporate Strategy: an Analytic Approach to Business Policy for Growth and Expansion*, Mcgraw-Hill Inc.（広田寿亮訳〔1969〕『企業戦略論』産業能率短期大学出版部）

Argyris, C. (1977) "Double Loop Learning in Organizations," *Harvard Business Review*, September-October：115-125.

Barney, J. B. (1996) *Gaining and Sustaining Competitive Advantage*, Addison-Wesley.（岡田正大訳〔2003〕『企業戦略論【上】基本編 競争優位の構築と持続』ダイヤモンド社）

Chandler, A. D. Jr. (1962) *Strategy and Structure*, The M.I.T.Press.（有賀裕子訳〔2004〕『組織は戦略に従う』ダイヤモンド社）

Christensen, C. M. (1997) *The Innovator's Dilemma: When New Technologies Cause Great Firms to Fail*, Harvard Business School Press.（伊豆原弓監訳〔2001〕『イノベーションのジレンマ―技術革新が巨大企業を滅ぼすとき 増補改訂版』翔泳社）

De Geus, A. (1997) *The Living Company*, Harvard Business School Press.（堀出一郎訳〔2002〕『企業生命力』日経 BP 社）

Gomez-Mejia, L. R., Cruz, C., Berrone, P. and De-Castro, J. (2011) "The Bind that Ties: Socioemotional Wealth Preservation in Family Firms," *Academy of Management Annals*, 5(1), 653-707.

Hofer, C. W. and Schendel, D. (1978) *Strategy Formulation: Analytical Concepts*, West Publishing Company.（奥村昭博他訳〔1981〕『戦略策定―その理論と手法』千倉書房）

Itami, H. and Roehl, T. W. (1987) *Mobilizing Invisible Assets*, Harvard University Press.

Leonard-Barton, D. (1992) "Core Capabilities and Core Rigidities," *Strategic Management Journal*, 13：111-125.

March, J. G. (1991) "Exploration and Exploitation in Organizational Learning," *Organization Science*, 2(1)：71-87.

Miller, D. and Breton-Miller, I. L. (2005) *Managing for the Long Run: Lessons in Competitive Advantage from Great Family Businesses*, Harvard Business School Press.（斉藤裕一訳〔2005〕『同族経営はなぜ強いのか？』ランダムハウス講談社）

Miller, D., Le Breton-Miller, I. and Lester, R. H. (2012) "Family Firm Governance, Strategic Conformity and Performance: Institutional Versus Strategic Perspectives," *Organization Science*. Advance Online Publication.

O'Reilly, C. A. and Tushman, M. (2016) *Lead and Disrupt: How to Solve the Innovator's Dilemma*, Stanford, CA: Stanford Business Books. (入山章栄監訳〔2019〕『両利きの経営「二兎を追う」戦略が未来を切り拓く』東洋経済新報社)

Penrose, E. T. (1959) *The Theory of the Growth of the Firm*, Oxford, UK: Basil Blackwell. (末松玄六監訳〔1962〕『会社成長の理論』ダイヤモンド社)

Peters, T. J. and Waterman, R. H. (1982) *In Search of Excellence: lessons from America's Best Run Companies*, Harper & Row. (大前研一訳〔1983〕『エクセレントカンパニー』講談社)

Prahalad, C. K. and Hamel, G. (1990) "The Core Competence of the Corporation," *Harvard Business Review*, May-June：79-91.

Raisch, S., Birkinshaw, J., Probst, G. and M. L. Tushman (2009) "Organizational Ambidexterity: Balancing Exploitation and Exploration for Sustained Performance," *Organization Science*, 20(4)：685-695.

Rosenzweig, P. (2007) *The Halo Effect: ... and the Eight Other Business Delusions That Deceive Managers*, New York: Free Press. (桃井緑美子訳〔2008〕『なぜビジネス書は間違うのか—ハロー効果という妄想』日経BP社)

Rumelt, R. P. (1974) *Strategy, Structure, and Economic Performance*, Harvard University Press. (鳥羽欽一郎他訳〔1977〕『多角化戦略と経済成果』東洋経済新報社)

Teece, D. J., Pisano, G. and Shuen, A. (1997) "Dynamic Capabilities and Strategic Management," *Strategic Management Journal*, 18：509-533.

Wiggins, R. R. and Ruefli, T. W. (2002) "Sustained Competitive Advantage: Temporal Dynamics and the Incidence and Persistence of Superior Economic Performance," *Organization Science*, 13(1)：82-105.

伊丹敬之（1984）『新・経営戦略の論理—見えざる資産のダイナミズム』日本経済新聞社

伊丹敬之・加護野忠男（2003）『ゼミナール経営学入門（第3版）』日本経済新聞社

加護野忠男（1999）『〈競争優位〉のシステム—事業戦略の静かな革命』PHP研究所

加護野忠男・井上達彦（2004）『事業システム戦略──事業の仕組みと競争優位』有斐閣アルマ

加護野忠男・山田幸三（2016）『日本のビジネスシステム──その原理と革新』有斐閣

野中郁次郎・竹内弘高（1996）『知識創造企業』東洋経済新報社

吉原英樹・佐久間昭光・伊丹敬之・加護野忠男（1981）『日本企業の多角化戦略──経営資源アプローチ』日本経済新聞社

‥・《いっそう学習（や研究）をすすめるために》

曽根秀一（2019）『老舗企業の存続メカニズム──宮大工企業のビジネスシステム』中央経済社

　　長寿企業はいかにして時代の変化を乗り越え，存続しえたのか。そのメカニズムが老舗宮大工企業群を事例に，経営学，経営史学の融合によって解き明かされている。

《レビュー・アンド・トライ・クエスチョンズ》

① 　本章では多角化した企業の事業管理手法として PPM を紹介した。PPM の発展版であるビジネス・スクリーンと呼ばれたりする手法もしばしば企業の現場で活用されている。ビジネス・スクリーンの内容を調べるとともに，その基礎にもなっている PPM の問題点についても考えてみてください。

② 　本章では，ビジネスシステム，SEW などの分析手法を紹介した。身近にある100年以上続く老舗企業を探し，上記の手法を通じてその存続要因について考察してみてください。

第  章

事業戦略

◆◇◆◇◆◇◆◇◆◇◆◇◆◇◆◇◆◇◆ 本章のねらい ◇◆◇◆◇◆◇◆◇◆◇◆◇◆◇◆

　競争戦略とも呼ばれる事業戦略は，事業のドメインや全社戦略で対象となった事業分野において，競合他社との競争に対応しながら，顧客に提供する価値の創造や向上を志向する。全社戦略を通して「どこで競争するか」が定められ，事業戦略によって「いかに競争するか」の方針が定まり，具体的な諸活動に結びつく。つまり事業戦略は，競争と顧客への対応や競争優位の確立など，事業レベルでの諸活動の方針を示すために設定される。また収益が継続的に計上できる事業の仕組みを，どのように構築すれば良いかといった課題を検討することも，事業戦略の内容に含まれる。そして事業戦略は，事業の責任者である事業部長を中心に策定・指揮される。

　本章では，１．競争への対応，２．ポジショニング，３．顧客への対応の３点に関する理解をとくに図っていく。

① 競争への対応

３つの基本戦略

　どのような経営環境で自社が事業活動を展開していても，**事業戦略を**策定する際には，次のような疑問に対して，どのように答えるかを考える必要がある。

- 何を武器として，競争に打ち勝つか（**戦略の有利性**）。
- 誰を対象に，製品やサービスを販売するか（**戦略ターゲット**）。

　ポーター（Porter, M. E.）は，上記の疑問に答える基本戦略として「コスト・リーダーシップ」，「差別化」，「集中」という３つを挙げている（図表４－１）。

　規模や業種，営利／非営利を問わず，企業や組織の事業戦略は，これら３つの類型のいずれかに含まれると，ポーターは述べている。

　コスト・リーダーシップは，競合他社よりも低コスト化を実現し，安く製品やサービスを作る戦略をさす。販売価格が競合他社と同水準であった場合，製品やサービスを顧客へ低コストで供給できれば，自社はよ

図表４－１　３つの基本戦略

戦略の有利性（何を武器にするのか）

戦略ターゲット（誰をターゲットにするのか）		顧客から特異性が認められる	低コスト地位
	業界全体	差別化	コスト・リーダーシップ
	特定セグメント	集　中	
		（差別化集中）	（コスト集中）

出所）Porter（2003）p.39を基にして筆者作成

96

り多くの収益を上げることが可能となる。実際には実現した低コスト化を価格に反映させることが多く，結果として安く売られている。これにより，市場でさらに大きなシェア（占有率）を獲得する可能性が高まる。この戦略を採っている企業として，「ユニクロ」などを展開しているファーストリテイリングなどが挙げられる。

コスト・リーダーシップの要として，規模の経済と経験効果がある。**規模の経済**とは，一度に大量の製品やサービスを生産することで，少量を生産する場合よりも，安く作ることができる効果をさす。また**経験効果**とは，大量生産していくなかで経験が蓄積され，次第にひとつひとつの製品を安く作ることができるようになる効果のことをさす。他には生鮮食品の場合，鮮度が要求されることから，いかにして調達から販売に至るまでのロスを減らすかが要となる。しかし技術の進展に伴い，規模の経済や経験効果，及び効率性の追求を支えていた既存技術が陳腐化した場合，自社のコスト・リーダーシップによる競争優位性はついえる。

コスト・リーダーシップを実現する上では，とかく売り手である自社の低コスト化ばかりに注力しがちとなる。ところが製品やサービスを探す，買いに行く，到着を待つ，据え付ける，使い方を学ぶ，及び買い換える際に生じる，顧客側のコストを低減することで，コスト・リーダーシップを実現させることも可能である。

差別化は，製品やサービスの機能や品質などで他社との違いを作る戦略をさす。違いを作るには，生産コストが上昇する。しかし製品やサービスの品質と機能の高さが顧客に支持されれば，販売価格が高くなったとしても，需要を獲得することができる。家電市場では，ソニーなどの戦略が差別化の典型であると言える。どの売り場でもソニーの製品は，他の製品より少し値段が高く設定されている。それでも，ソニーの製品は売れる。ソニーの有する競合他社との技術力の違いや，強烈なブランド・イメージによって，少し高い値段が正当化されているからである。

家電市場で取引されている製品のなかでも掃除機は，どの企業が提供している製品も機能やデザインなど，かつては類似したものが多かった。イギリスのダイソンは，既存製品にみられる紙パックが不要な，サイクロン方式を採用した掃除機を発売した。吸引したゴミが外から見えるという製品デザインの差別化も行い，消費者からの支持を得ることに成功した。またアメリカの iRobot 社は，部屋の状況を判断しながら，ゴミをしっかりと吸引するロボット掃除機「ルンバ」を発売した。消費者は掃除以外のことをしている間に，ルンバが床掃除を完了させることを可能にした。結果的に，ルンバへの支持を得ることに成功した。

　とはいえ自社の側で勝手に，「この点で，ウチの製品は他社のものとは違う」と思い込んでいても意味がない。自社の強みが製品に反映されていると思っていたものの，実際に売り出してみると，顧客が魅力ある違いと見出せないこともある。顧客は，競合する製品やサービスとの間で代わり映えがしない場合，代わり映えのしない機能や品質を，より低価格で提供する製品やサービスを選択するか，既存の製品やサービスに満足して買い控えるといった選択をすることが多い。顧客にとって価値のあるポイントについての「違い」であるとともに，顧客による実際の選択につながるだけの十分な大きさをもつ「差」がなければならない。

　集中は，コスト・リーダーシップであれ差別化であれ，それを市場の**ニッチ**（隙間），つまり特定の顧客や製品カテゴリー，特定の地域などへ集中的に行う戦略をさす。集中は，**コスト集中**と**差別化集中**に分類できる。集中戦略を採用する企業は，どの企業も参入していないか，何らかの理由で参入の少ない市場に焦点を合わせて，一番乗りを果たす。ティムコは，釣竿やリール，擬餌，偏光サングラス，ウエア，靴，手袋，バッグ，釣りの教本や DVD など，釣りに関連する用具の企画開発や輸出入，製造と販売を手掛けている。そのターゲット顧客は，釣りを愛好する人たちである。ティムコは，釣り人という，極めて限られた愛好者

に集中して，釣りを楽しむ上で役に立つ製品やサービスを提供している。

　私たちの身の周りには，何百もの隠れた市場の**ニッチ**があり，創意工夫あふれる起業家やマーケッターによって掘り起こされることを待っている。ニッチは隙間と言うだけあり，事業機会が小さいことを暗に示している。しかしニッチには，既存の製品やサービスでは満たされていない顧客のニーズがある。それを満たすことができれば，少なくとも初期の段階では，その領域を独占に近い状態にできる。なかには，小さなニッチに過ぎなかったものが，大きな市場に育っていくこともある（たとえば，格安の航空輸送サービス市場や宅配便市場など）。

　図表4－1にある戦略ターゲットに向けて，3つの基本戦略のいずれかを繰り出した結果として，他社との競争に打ち勝ち，競争優位を構築することが可能となる。3つの基本戦略のうち，2つの戦略を追求することは，戦略の一貫性を失うことから，競争優位の構築が難しいと考えられてきた。しかし電卓市場では，カシオとシャープがコスト・リーダーシップと差別化の両方を追求することで，競争優位を獲得してきた。コスト・リーダーシップのみを追求したテキサス・インスツルメンツは生き残ることができず，差別化のみを追求してきたヒューレット・パッカードは小さな市場シェアを獲得するにとどまった（新宅，1986）。

事業戦略が志向するもの

　事業戦略では，**ターゲティング**（targeting），つまり市場の特定の顧客層に狙いを絞り，その顧客層のニーズに応じた製品やサービスを繰り出す。自社の製品やサービスに対して，誰が前向きな反応をするのか。なぜ好意的な反応をするのか。誰が・なぜ，自社の製品やサービスに魅力を感じるかについて理解ができれば，自社の提案価値や，その価値を形作る製品やサービスの特徴，さらにはターゲットとなる顧客との関係性などについてデザインを行うことができる（Osterwalder and Pigneur,

2010)。また寄り添って考える顧客が誰なのかが明示され，事業戦略を遂行する組織の隅々にまで浸透すると，遂行への一致団結が図りやすくなる。自社が語りかける相手についての具体的なイメージをもたずに，効果的な広告を制作することは難しい。その**ターゲット顧客**と直接的なコミュニケーションをとる担当者だけではなく，製品やサービスの開発や提供，カスタマー・サービスに関わるすべての人たちの頭のなかに，ターゲット顧客の像が浮かぶくらいに，明示と浸透がなされる必要がある。

　ターゲティングをするということは，対象としない消費者や企業の層を明確にするということでもある。つまり売れる可能性がある市場を，切り捨てている可能性も考えられる。飲食チェーンを展開している大戸屋は，アメリカへの進出に際してターゲット顧客を，アメリカにいる日本人に限定せず，アメリカで生活をしているすべての人たちに設定した。そして日本での事業と同じく，日本食を提供した。アメリカにいる日本人よりも，アメリカ全土の消費者の方が，ターゲット顧客の規模は大きい。魅力のある日本食を，いつでも・誰にでも，ニーズに応じて提供することで，多くの需要を獲得し，ひいては成長できる。ターゲティングを行うにしても，ターゲット顧客の層は，十分な売り上げと利益が確保できる規模であることが求められる。ターゲット顧客の規模が小さい場合，製品やサービスの生産量が，損益分岐点を下回る恐れがある。

　しかし特徴の異なる複数の顧客層をターゲットにする場合，価値提案できるだけの予算が自社にあるのか。コストと予算を比較して，慎重に分析すべきである。併せて複数の顧客層に向けた提案価値にまつわるメッセージが，互いに相反するものではないかを見極める必要がある。メッセージの不一致は，ターゲットである複数の顧客層の間で，大きな混乱を招く恐れがある。

　事業戦略の策定と実行を通して，次のようなことを繰り出す企業が多い。

- 技術的に，競合他社が模倣できない製品やサービスを開発
- その特許を取得し，市場で独占的に販売
- 圧倒的なブランド・イメージを築き，顧客の関心を自社に惹き付ける
- 競合他社では太刀打ちできないくらいの低価格を実現し，需要を獲得

いわば市場における競争を少なくする，もしくは排除することで，高い収益性を実現し，自社の長期的な生存と成長を可能にすることを志向している。企業がいかにして業績を高めることができるかということを踏まえると，収益を圧迫する競争は避けるべきである（Porter, 2003）。

サム・ウォルトンが創業した世界最大の小売業であるウォルマートは，Kマートなどの競合他社が魅力を感じない，人口が5,000人以下の小さな町を商圏にディスカウント店を展開した。最寄りの都市に行くには車で4時間ほどかかるような小さな町は，アメリカに多く存在していた。このような町の土地柄を知り尽くしていたサム・ウォルトンは，最寄りの都市と同じか，それよりも安い価格で製品を提供している店舗が地元にあれば，住民は地元で買い物をするという洞察を得ていた。そして競合他社が魅力に感じない商圏の規模であったために，非競争で寡占化できると考えた（原田，2016）。ウォルマートは出店した小さな町の近くにも，先手を打って進出し，複数の商圏からなる地域をも寡占化した。このような地域を拡げることで，競合他社が狙わない勢力圏を構築した。

その一方で，コカ・コーラが産み出したコーラ市場では，ペプシが参入し，激しい競争が繰り広げられた。その結果として，一人あたりのコーラの消費量が増えた。競争を進んで受け入れることによって，顧客における製品の購買選択にバラエティを与えることができる。とくにコーラなどの消費財の場合，機能や価格などの面で，いずれも優劣のつけにくい製品を提供することにより，消費者に選択の楽しみを与えることができる。すると今回の購買で選択されなかった製品に対して，次回は購買しようとする需要を喚起することができる。確かに特定の製品に対する

ロイヤルティを確立することが難しくなり，同一の製品に対する継続的な購買に結びつきにくくなるかもしれない。しかし製品の出自を問わず，その**製品カテゴリー**（たとえばコーラ飲料）を見限らせないようにすることが可能となり，カテゴリー自体の継続的な購買は実現する。

　また競争に参加することによって，自社と競合他社群の間で，市場や技術，および繰り出す戦略に関する情報を伝達しあっていると解釈することもできる。情報が伝播されると，競合他社が何に力を入れているかを把握することができる。その上で競合他社と同じ，ないしは違う選択を，自社が行うようになる。

　情報が伝播された結果，それが更なる新しい情報を生み出す。その新しい情報も，競争を通じて企業群に伝播される。特定の企業による**ベストプラクティス**は，企業間競争に限らず，メディアや**ベンチマーキング**を実践するコンサルタントを通して，瞬く間に伝播する。そのベストプラクティスは，多くの企業や業種で通用するものであるほど，急速に伝播する。

　以上のような情報の生成と伝播が，市場に参入して事業活動を展開している在来企業群の模倣や差別化行動へと結実するとともに，イノベーションの連発を可能にすると考えられる。競争に参加することで，在来企業群の各々が鍛えられ，イノベーションを創出することが可能になるという「競争は参加すべきもの」という競争観（小沢，2021）も，現実には存在している。

　以上のように考えると，企業は非競争の状態を実現して，市場を独占するべく，事業戦略を繰り出しては競合他社と競争していると考えることができる。パラドックスのように思えるが，このパラドックスこそ，本質を突いている。

　製品・サービス市場では，複数の売り手企業群が競争をしながら，複数の顧客と製品やサービスに関する取引を行っている。企業が長期にわたり存続・成長し続けるためには，市場で競争優位を構築する必要がある。**競争優位**とは，競合他社と比較した自社の超過利益率のことを意味する。「価格－コスト」という利益単位において，比較対象となる競合他社よりも，自社の方が上回っている場合，自社は競争優位を構築していることになる（原田，2016）。

　他社と比べて低いコストや高い品質，あるいは両方で有利に評価される違いが，自社にある。これにより，競争優位を構築したか否かが明確となる。現実の競争では自社と他社の双方が完全に同等ということはあり得ず，多くの非対称が存在する（Rumelt, 2011）。決定的に重要な非対称を創出した企業が，競争優位を構築する。その競争優位を活用して劣位にある他社を攻撃し，自社の弱みを握られないようにする必要がある。

　経営資源や従業員の心理的エネルギーを効果的に動員して競争優位を構築するには，顧客満足を高める必要がある。それは顧客が期待している水準を上回る製品やサービスを，売り手が提供することで実現される。単に期待に応えるだけでは，顧客から「普通」という評価しか得られない。顧客の期待を，超え続けなければならない。顧客満足を実現させる事業活動には，細心の注意が必要となる。

　飲食店の料理が，高級食材を使用し，味付けが完璧なバランスであっても，店員がぞんざいな態度で顧客のテーブルに差し出すと，決して美味しく思えない。顧客は飲食店での接客の悪さから，がっかりさせられるだけでなく，ひどい場合は飲食店への信用を失いかねない。その一方で料理自体が口に合わなかったとしても，店員から「どうぞお召し上がりください」と心を込めて料理をテーブルに差し出されると，美味しく

いただけることもある。

　製品開発の担当者が，顧客の期待を十分に超えるものが提供できたと強く自負していたとする。しかし同じ会社のお客様相談室の担当者が，ちょっとした不注意で顧客を怒らせてしまった場合，これまでに他の部門の人たちが費やした努力は，すべて水泡に帰す。また近年に見受けられる不正会計や贈収賄などの汚職，従業員に対する人権侵害など，ひとたび事件を引き起こせば，どれだけ高い技術力や競争優位を構築していても，企業の存続そのものが簡単に危うくなる。競争優位は，自社の活動を，どのように体系化するかに関わっている。

　市場での同業他社との競争は，極めて激しい。その規模は，**グローバル化**している。しかし多くの企業は，何を焦点として競争をしているのか，往々にして理解できていない。自社や同業他社と類似した製品やサービスを提供できる，幅広い範囲の異業種について考えが及ばないことが多い。映画やテレビ番組，レンタルビデオであれば動画サイト，ラーメン店であればカップラーメン，腕時計やデジタルカメラ，歩数計，ICレコーダーであればスマートフォンなど，ある製品やサービスと同じ機能を有する代替品との競争にも晒されている。スマートフォンは，決して腕時計の需要を奪取することを意図して開発されたわけではない。しかしスマホをもつ若者のなかには，腕時計をしなくなった人が多い。

　自社の競合他社は，顧客が考える他の選択肢である。多くの企業は，市場競争，国際競争，代替競争という「**競争の重層化**」（小沢，2021）に苛まれている。ステーキハウス事業を展開している企業が，自社の競合は他のステーキハウスであると一面的にとらえると，とても重要なことを見逃しかねない。

　重層化する競争のなかで存続するべく，検査データの改竄や必要とされる作業工程の省略，さまざまな偽装など，不正に手を染める企業は枚挙にいとまがない。そのような企業は，社会から糾弾され，「炎上」する。

その代償は，あまりにも大きい。絶えず変化するルールや規制に従う企業は，正当性を付与されるだけではなく，顧客からも選ばれる。持続的な競争優位を実現させるためには，絶えず変化する社会的規範に柔軟な対応ができることも求められている。

　柔軟な対応を駆動するような組織文化が根付いていると，持続性のある競争優位を構築することができる。**組織文化**は，組織構成員に共有されている価値観や行動規範のことを指し，数字で表現することが難しい。組織構成員は，無意識ながらも，組織文化にしたがって行動する。経営者は頻繁に現場に出向き，使命やビジョンを語り続けるとともに，自らの行動で何が重要かを組織構成員に示し，時間をかけて組織文化や事業の仕組みを作り上げている。また組織文化に根ざした事業実践で競争優位を実現させるためには，その当事者である組織構成員が，時間をかけて組織文化にコミットし続けることが必要である。よって固有の組織文化に根ざした行動を，競合他社が模倣することは困難である（廣田，2016）。

　その一方で現代の企業間競争においては，競争優位が持続しないという主張もある（McGrath, 2013；原田，2016；廣田，2016）。

　コスト・リーダーシップで競争優位を構築するにしても，製品や用途によってコストは異なる。また高い品質など差別化で競争優位を構築するにしても，顧客の価値観や嗜好などは多様化している。ほとんどの競争優位による効力は，発揮する範囲が限られている。

　事業戦略が奏功すると，競争優位を構築することができる。しかし世界中で競合他社が出没し，新しい技術が次々と導入され，他社による模倣や既存技術の陳腐化（Dorothy, 1995）が促されると，構築した競争優位は持続せず，波のように訪れては消える。そして顧客のニーズや嗜好の移り変わり，既存の規制の緩和や新たな規制が講じられること（廣田，2016）などを受けて，また別の新たな競争優位の波が訪れる。企業は競争優位の波を，時に起こし，それを連発させ，サーフィンの如く乗り越

えていかなければならない。持続性に乏しい競争優位の波に対して，次から次へと乗り越え続けていると，競合他社による模倣が困難となる。だからこそ競争優位の終焉を迎えた事業があれば，新製品の開発や**多角化**をしたり，**多国籍化**をしたりする（Ansoff, 1957；吉原，1986）だけではなく，うまく撤退できる企業こそ，長期的に成功すると考えられる（廣田，2016）。しかし競争が激しさを増している現代において，競争優位の波に合わせて戦略を変えなければならないこと，および波が訪れることにより従来のやり方が通用しなくなるということを解っている企業は，さほど多くない。よって戦略や経営について，変える必要があると気づいた時には，もはや手遅れという場合が多い。

　また次々と起こる波に対応し続けることが求められることから，とかく目先の競争優位にとらわれがちとなる。そもそも戦略は，長い時間的視野を見据えた構想でなければならない。いま何をして，それが将来に対して，どのようにつながるのかという長期的な見取り図がなければ，戦略遂行の担い手であるヒトは不安になり，今の活動にも力が入らなくなる。よって事業戦略は，長期的な展望を与えようとするものであり，短期の目先にある現象にとらわれ過ぎないよう，注意をする必要がある。

 ## 2　ポジショニング

　同じ顧客層を狙う競合他社とは異なるポジションを確立することで競争優位を構築するという見解を，**ポジショニング・ビュー**と呼ぶ。この見解は，第1章でもすでに示した通り顧客や同業他社，新規参入者，代替品の供給業者，部品や材料の供給業者からなる市場の構造を分析した上で，収益性が高く，発展性のある市場領域を選択することが基本にあ

る。**ポジション**とは，市場領域など空間的な立地だけでなく，人の心のなかに占める位置づけや，競合他社や取引業者との関係性における地位なども意味する。ターゲット顧客に対する立場や立ち位置を決めるということから，**ポジショニング**（positioning）と呼ばれる。いわば顧客の脳裏に，自社自体や提供する製品・サービスの特別な場所を確保し，顧客の購買行動に影響を与えることを企図する。競合他社と異なるポジションを構築することで，競争を回避し，共存共栄の関係が築きやすくなる。その一方で競合他社の製品やサービスと類似している点を訴求することで，競合他社のポジションを弱めることも可能である。

国際的な総合輸送を手がけるフェデックスは，荷物を速く届けることを提案価値としている。荷物であれ，手紙であれ，フェデックスに頼めば，翌日には相手に届く。「これは，必ず明日までに相手へ届けないとダメなんだ！」という状況で，価値提案する企業として，顧客はフェデックスを真っ先に思い浮かべる。

くら寿司は世界展開をする上で，「無添加で，安心・美味しい・安い寿司チェーン」というポジションを，消費者の脳裏に焼き付けることに成功した。併せて「マクドナルドのような世界的な外食チェーン」を標榜し，並み居る競合他社のポジションを弱めた。その結果として，最終損益の黒字を計上し続けた。

ポジショニングを成功裡に収めるためには，消費者や顧客企業で意思決定する人たちの脳裏を理解することが欠かせない。そのためには，消費者や顧客企業に棲み込み，寄り添って提案価値を考え続ける必要がある。

ボルボでは創業当初の1927年，安全性を重視する消費者層が存在するにもかかわらず，多くの自動車メーカーが卓越した安全性を実現していないという事実に着目した。そこで，「もっとも安全性の高い自動車といえば，ボルボ」というポジションを掲げた。しかし提供する自動車で，最高の安全性を実現できなければ，消費者や競合他社から見掛け倒しで

あると評価される。ボルボは，安全性で他社の追随を許さない自動車を製造し続け，優れた安全性を繰り返し伝えてきた。

またウォルト・ディズニー・カンパニーは，家族向けの映画作品を提供し続けるというポジションを確立している。子供から大人まで，大勢の人たちが，ディズニー映画の新作を見ることを楽しみにしている。ウォルト・ディズニー・カンパニーでは，家族向けの作品というポジションを維持するべく，3つの基本方針を定めている。第一に，作品のなかで，汚い言葉を使わないようにしている。登場人物が激怒し，表情が赤くなることは構わないが，口汚く罵るシーンを用いていない。第二に，目のやり場に困るような性的なシーンは作っていない。ロマンスを否定するわけではないが，生々しい描写は他社の作品に任せている。第三に，理不尽な暴力シーンを用いていない。冒険は歓迎するものの，首を切り落としたり，血が飛び散ったりするような描写は行わない（Rumelt, 2011）。

いわば生まれたてのカモなどの鳥に，一定の期間，人や他の動物，物体などを見せて追尾させると，最初に見た動くものを親と認識して，一生に渡り追尾を続けるという，**刷り込み現象**とポジショニングは似ている。確立されたポジションは，消費者の好みや技術が変わっても，安易に変えてはいけない（Ries and Trout, 2001）。限られた時期に刷り込むことで学習が成立すると，ひとたび習得された行動は，その後の経験によって訂正することが難しく，消去されにくい。

確立されたポジションが競争優位を構築しない場合には，ポジションを変更する，**リポジショニング**という方法がある。しかしリポジショニングは，実行が難しい。変更されたポジションで，新たな評判を築かなければ，競争優位を構築できないからである。また評判を支える新しい活動やスキルを構築するだけではなく，従来のポジションを支えていたものを排除しなければならない。

企業は顧客基盤と売り上げの拡大を図るべく，事業拡大に入れ込むこ

とがある。「大きいことはイイことだ」「変化は進歩を意味する」という価値観は，その効用を理解できるが故に，抗うことは難しい。事業拡大に熱心な企業は，これまでに確立してきたポジションとの不一致に目が向かない時がある。このような不一致は，顧客を混乱させ，その企業への信用と評判を損なう場合がある。

　その一方で，確立したポジションを，徹底的に守り抜くことによる限界も生じる。このことは事業経営の世界に限らず，俳優の世界においても同じである。映画「男はつらいよ」で主人公の寅さんを演じた渥美清は，映画の公開以前から，探偵や社長，兵隊，中年の男，教祖，巡査，運転手など，さまざまな役を器用に演じ分けることで定評があった。そうしたなかで「男はつらいよ」の大ヒットが続き，「渥美清＝寅さん」というポジションが一般生活者に定着した。映画の公開以後は，船乗りや劇場の支配人，八百屋の親父，芸術家など，どのような役を渥美清が演じても，寅さんに見えてしまうという事態に陥った。

　フォルクスワーゲンは，賢明で現実的なライフスタイルの人が乗る車というポジションを確立した。このような人たちは，富裕層とは異なる。かつてフォルクスワーゲンは，富裕層をターゲットに大型の高級車を投入した。しかし売り上げは，芳しくなかった。そこで中型の高級車として，新たにアウディを擁して成功した（Ries and Trout, 2001）。ブリティッシュ・エアウェイズは，台頭が著しい格安航空サービスに対応すべく，独自の経営陣と路線網を有する子会社 Go fly を立ち上げた。Go fly のキャッチコピーは，「ブリティッシュ・エアウェイズの新しい格安航空会社」であった。ブリティッシュ・エアウェイズと別会社であったが，このキャッチコピーから，顧客は混乱に陥った。Go fly の損失が予想外に膨らみ，フルサービスを提供する航空会社が格安航空会社を兼営することの難しさから，Go fly は投資ファンドであるスリーアイに売却された。

　独自のポジショニングを実現するには，特化する要素と捨てる要素を

明確にする必要がある。一部の要素を捨てることで，一部の顧客候補を意図的に不満にさせるかもしれない。事業戦略の担い手の多くは，一部の要素や顧客候補を対象外にするという制約を受け入れることを嫌がる。むしろより多くの要素を盛り込み，より多くの顧客に対応する方が，より大きな成長と利益が見込めると信じている。しかし意図的に捨てるからこそ，選択した要素に対して真剣に向き合うことができる。流行への盲目的な追従などポジションの独自性を曖昧にする要請や一部の顧客候補からの期待には，応えられないという現実を受け入れる必要がある。

ポジションを確立するために

　顧客の脳裏にポジションを，どのようにして焼き付けることで，購買に結びつければ良いのか。そのひとつの方法として，広告がある。消費者や顧客企業に対して，ポジションのイメージがわきやすくなる**広告**を，与え続ける必要がある。

　ホテル・リッツカールトンの広告は，豪華な雰囲気のなかで顧客がくつろぐ情景を示した。このような情景を掲示し続けることで，リッツカールトンと言えば「優れたサービス」とともに，「豪華」「静穏」な雰囲気のなかでリラックスできるホテルというポジションを確立した。

　しかし昨今は，その広告の効果も薄れている。皆さんは，この文章を読んでいる「その日」に目にした新聞や雑誌などの広告で，覚えているものがあるだろうか。消費者は，自身が消費しない製品やサービスの広告に対して，目を留めることが少ない。広告をはじめとした情報が氾濫し，聞いたことのない名前などが広告を通して発信されても，スルーされがちである。しかし知らないうちに広告の影響を受けて，行動している消費者も多い。このことを受けてマーケティング実務の世界では，「広告を覚えてもらうには，最低6回，繰り返せ」という言葉もある。

　マスターカードは1997年から，テレビCMを中心に，pricelessキャン

ペーンを行ってきた。そして「お金で買えない価値がある。買えるものはマスターカードで。」というフレーズで，提案価値を単刀直入に伝え続けた。このフレーズは CM を視聴した消費者の琴線に触れ，マスターカードの知名度は上がった。

　広告の役割は，それを目にした顧客にとっての追認を果たすことである。イメージを度外視した新しいメッセージを，次から次へと発信することは，顧客に混乱を招くこととなる。特定のポジションを顧客の脳裏に焼き付けるためには，同じイメージに基づいた，一貫したメッセージを，単一のメディアだけではなく，新聞や雑誌の広告，テレビ CM，インターネット上のバナー広告など，異なるメディアを通して与え続ける方が，顧客への影響力は強い。

　ターゲット顧客に対する立ち位置を決め，顧客の脳裏に，自社や提供する製品・サービスの特別な場所を確保するべく価値提案をし続けるだけでは，同業他社や新規参入者，代替品の供給業者といった，同じ顧客層の需要を狙う競合他社と差別化されたポジショニングを図ることは難しい。自社と競合他社の立ち位置の違いを図示できれば，在来企業群や顧客が，自社と競合他社の製品やサービスを，どのように比較してとらえているのかが明らかになる。

　競合他社の広告や宣伝用の材料を分析することによって，キャンペーンの背景にある意図を読み解くことができる。これにより，競合他社の事業におけるポジションを識別することも可能となる。このような識別ができれば，競合他社が戦略を変更した際にも，素早く反応することができる。さらに，その変更の軌跡を時系列で辿ることにより，どのような方向性に競合他社がポジショニングを図ろうとしているのかが明らかになる。このような情報は，自社の持続的な競争優位を構築する上での事業戦略策定の素材となりうる。

　次の図表 4 - 2 は，顧客が購買を決定する上でもっとも重要な 2 つの

要因を軸として，自社と競合他社の製品やサービスの**相対的な位置づけ**を示した，ノートパソコンのポジショニング・マップである。

　ノートパソコンの購買を決定する上で重要となる要素（key buying factor）として，制御や演算を担うCPUの性能，メモリの容量，データを保存するストレージの容量，画面の大きさ，画質の美しさを求める解像度，重量，バッテリーの駆動時間，ゲームや動画編集に必要なグラフィック性能などが挙げられる。オンライン講義などでの視認性や携帯性のバランスに価値を置く場合，ノートパソコンの画面の大きさと重量が，顧客にとって購買を決定する上でのもっとも重要な要素となる。横軸に画面の大きさを，縦軸に重量をとり，自社や競合他社の製品の特徴に合わせてプロットする。プロットした点の大きさを変えることで，その製品の売上高や市場シェアを表すようにすれば，自社と競合他社の製品に関するポジショニングの違いが，より明確となる。

　図表4－2を見ると，ノートパソコンの画面が大きくなればなるほど，重量も重い傾向にあることがわかる。画面が大きく，かつ重量が軽い，図表4－2の第4象限では，競合他社がひしめき合っていない空白が見

図表4－2　ポジショニング・マップ

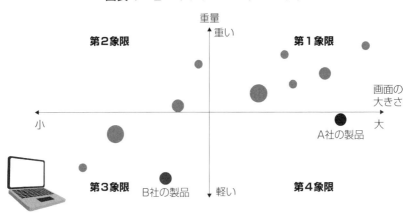

出所）筆者作成

受けられる。大画面かつ軽量を両立するノートパソコンの開発が難しい現状を，垣間見ることができる。

　そうしたなかで，A社の製品とB社の製品が，どのような事業戦略をとることで競争優位を構築することができるかを考える素材を，図表4－2は提供する。まずA社の製品は，画面が大きい競合他社の製品と比べて，重量が軽い傾向にある。またノートパソコンの平均よりも軽量の競合他社の製品（B社の製品を含む）と比べて，画面が大きい。これらの諸点を戦略の有利性に据え，オンライン講義などの用途で役に立つことを訴求することが考えられる。次にB社の製品は，どの競合他社の製品よりも軽量であることがわかる。よって最軽量のノートパソコンであることを戦略の有利性に据え，差別化（特定のセグメントにターゲットを絞り込んだ場合は差別化集中）を繰り出すことが考えられる。

　図表4－2の第2象限や第4象限にみられるように，競合他社がひしめき合わない市場の空白がある場合，空白を活かした事業が成り立つか否かを，入念に確認すると良い。市場の空白がある背景には，何らかの理由がある。そもそも顧客のニーズがないのか，ニーズがあったとしても技術的に実現が困難なのか。その市場が発展の途上にあるが故に，競合他社の少ない空白ができているのであれば，自社の有する経営資源と照らし合わせて，参入を検討することもできる。

問題点

　ポジションを確立するにしても実現できなければ，「絵に描いた餅」に終わる。その実現可能性について，内製ないしは外部調達した**経営資源**や，蓄積された**組織的能力**，及び従業員に共有された組織文化などを鑑みて，見極める必要がある。たとえば歴史とともに築き上げられてきた組織文化について，意思決定のスピードが遅く，慎重に行動することに価値観を置いている企業では，顧客が求めている製品を迅速に提供す

るというポジションを確立することは難しい。

　また競合他社が模倣できない，競争できない独自のポジションを確立することは難しい。独自のポジションを築くことができなければ，競合他社と同じ顧客の需要を奪い合う競争状態に陥る。「言うは易く行うは難し」である。

　差別化された位置づけを志向するポジショニング・ビューは，競合する他社や取り巻く環境と自社との境界を分け隔てている。競争優位の源泉は，自社と他社を対比して際立たせることで説明できる。極めて自社中心的であり，二分論的な視点である。ポジショニング・ビューに基づくと，顧客も自社の外部に存在する。顧客と自社の関係は，製品やサービスの買い手と売り手の関係に過ぎない。

　よってポジショニング・ビューに基づく事業戦略では，**ネットワーク化**や**オープン化**が進む組織への対応（安本・真鍋編，2017）が不十分であると考えられる。戦略的提携やアウトソーシングの著しい発展により，事業戦略を自社という個別単独的にとらえる視点では，競争優位の本質をつかむことが難しくなった（山倉，2007）。そもそも企業は，社内外の人や組織との繋がりである，社会のネットワークのなかに埋め込まれている。賞を設けるなどのインセンティブを与えることで組織の内外を問わずに広く事業上のアイデアを募ったり，クラウドソーシングを利用したり，逆に自社独自のコンセプトや組織能力などを他社に有料で使用許諾するフランチャイジングを構築したりなど，**オープン・イノベーション**の実践が進む現代は，いかにわれわれが相互接続しているかを象徴的に示している。イギリスの製薬会社であるグラクソ・スミスクラインは，自社以外の組織や個人と協働することで，狂犬病やデング熱などに関して，研究開発上の課題を解決し，新しい治療法の開発を進めてきた。またブラジルの化粧品会社であるナトゥーラは，世界各地の大学とのネットワークを活用することで，皮膚科学などの分野における課題の解決を

推進し，自社内の開発能力を超える成果を上げている。

　自社を取り巻くネットワークは，さまざまな機会を提供する。自社の強みを活かしながら，他社の経営資源の利用を可能にした。また製品やサービスを開発し販売する，事業上のリスクの分散をも可能にした（Keeley *et al.*, 2013）。

　しかしポジショニング・ビューは，自社と他社や顧客との関係のあり方に対して，組織の境界を超えた価値観の共有といった側面が重視されていない。顧客は自身が主体的に価値を創出したり，見出したりすることで満足感を覚える。事業戦略を考える上では，顧客との緊密な関係を通じた**マーケティングやイノベーション創出**（Hax, 2010；久保田，2012；小川，2013），Twitter や Facebook，YouTube などのソーシャル・メディアを通した意見や感想の拡散と共有など，自社と顧客，さらには顧客間における価値観の共有を視野に入れることが重要となる。

　たとえば環境問題について自社は，どのように対応することで，社会的な責任を果たしていくのか。その貢献に向けたメッセージの他に，解決策としての製品やサービスを積極的に提案し続けることで，消費者や顧客となる企業からの支持が得られる。また消費者や顧客企業は，その製品やサービスを積極的に購入することで，環境問題の解決に参加する。事業戦略を通して，自社と顧客が協働しながら，価値創造していくことが必要となる（Kotler *et al.*, 2021）。

　自社が提供する製品やサービスにとって，補完する財を提供する企業をパートナーとして巻き込み，時として顧客とも協働していくなかで，経営資源をどのように活かし，顧客や社会全体にとって価値があるものを創造し，提供するか。事業戦略を策定する上で，単に事業に付随するカネの流れのみを追うだけでは，収益を継続して計上できる事業の仕組みを構築することは難しい。仕組みを支える経営資源の内部蓄積や外部調達，活用，業務上の工夫を検討する必要がある。

この事業の仕組みにおいても，競合他社との差別化が求められる。製品やサービスを開発するための要素技術や生産技術，工場の設備や配置，販売と流通の仕組み，管理していくノウハウ，人びとを動かす仕組み，働く人びとの意識，蓄積された信用などを，どのように組み合わせて差別化を実現させるかがカギとなる。

　たとえばトヨタの **JIT（ジャストインタイム生産システム）** やセブン‐イレブン・ジャパンによる物流・ロジスティクスのシステム，マイクロソフトのライセンスから収益を上げる仕組み，スマートフォンに特化した個人間取引におけるメルカリの匿名配送の仕組みなどは，競合他社との差別化を実現している。

　家具市場において，顧客自身が，購入した家具を自宅に持ち帰ることは容易でない。そこで売り手が配送や自宅での据付サービスを行うことによって，家具の価値は高まるかもしれない。しかし配送と据付には，コストを要する。とくに人件費が高騰すると，家具を入手するための費用が高くなり，家具の価値が相対的に低下することが考えられる。そこでスウェーデンのイケアでは，組み立て式の家具を提供している。顧客は家具のパーツを持ち帰り，自分で組み立てる。簡単に組み立てることができれば，顧客が家具を入手する費用が下がる。家具の価値が低下するというよりは，むしろ高まる場合もある。イケアの顧客は，セルフサービスという形式を受け入れることで，低価格という価値を享受している。また気に入って購入した家具が自宅に到着するまでに何週間も待たされることがなかったり，配送業者の不注意で家具が損傷するかもしれないという不安が解消されたりすることから，顧客満足も高い。一方でアメリカのホーム・デポは，組み立て済みの家具を提供している。ホーム・デポでは，とくに家具の配送にともなう顧客の不便を解消するべく，購入家具を運び出すための車を，店内に用意している。

　組み立てや配送，据付などの行為を，売り手が担うのか，買い手であ

る顧客が担うのか。売り手と顧客との機能分担を，どのようにデザインするかによって，価値の創造が規定される。このような機能分担は，売り手の経営資源の展開と，顧客の欲求とのすり合わせによってデザインされる（上原・大友，2014）。

3 顧客への対応

他社ではなく，自社の製品を買う理由づくり

「お客様は，神様である」という言葉がある。しかし，顧客（お客様）と自社の一方が偉いというわけではない。顧客と自社が対等に，コミュニケーションや取引を行うことが大切である。対等な関係ということは，自社のことだけを考えておけば良いというものではない。その一方で顧客との間で意見が対立しても，自社の意向を貫き通さなければならない時もある。顧客の意見を拝聴するが，鵜呑みにはしない。対等な関係だからこそ，自社は顧客から虚心坦懐に学び，その成果を自社の糧にできる。そのような姿勢に基づく自社の事業活動が，顧客からの信頼を獲得する。そして顧客は，繰り返し自社の製品やサービスを購入する。

とはいえ製品を作る工程では，目の前に顧客がいるわけではない。しかし作った製品の先には，その製品を購買したり使用したりする顧客が存在する。メーカーは，そのエンドで関わる人たちに接客する意識をもつ必要がある。

顧客とは，購買決定を行う人，あるいは組織のことを指す。製品やサービスを提供する企業にとって，取引の相手方であり，お客様である。顧客は，購買者ではあるが，使用者であるとは限らない（たとえばギフト商品など）。ちなみに**消費者**とは，消費財に関して，購買者であるとともに，使用者である人のことを指す。

消費者の生活や顧客企業の業務のなかに埋もれているニーズを，掘り当てる（伊丹，2012）。そのようなニーズは，自社も競合他社も，そして消費者や顧客企業自体も気づいていないことが多い。未知には，大きな事業機会が潜んでいる。未知のニーズを掘り当てては深掘りをし，それを満たすような新しい価値を創る。このような志向性が，事業戦略の中身には求められる。

　製品は購入され，配達されて顧客の手元に届く。そして実際に使用され，サプライなどを補充したり，壊れたり傷んだりした部分を補修することで使用が続き，最終的には廃棄される。このような消費過程のなかで，廃棄の段階に事業機会が潜んでいることに着目することは，競合他社も顧客も気付きにくい。事務用品を販売するオフィス・デポでは，事務用品の廃棄に着目し，プリンターやファックス，コピー機などで使われるインクの容器回収のサービスを始めた。店舗に容器回収用の箱を設け，不要となった容器の廃棄を促した。顧客は，容器を廃棄するためにオフィス・デポの店舗まで足を運ぶ。その機会を活かして店舗内で，ついで買いを誘発することに成功し，オフィス・デポは売り上げを増やした。

　何が顧客を惹きつけるかが解るには，相当な困難が伴われる。そこで「競合他社ではなく，自社の製品やサービスを，顧客が買ってくれる理由は何か」について，自問自答し続けることから手がけると，困難も和らぐと考えられる。

　スターバックスのドリップコーヒーの価格は，マクドナルドのプレミアムローストコーヒーよりも，はるかに高い。にもかかわらず，スターバックスを利用する顧客は多い。それは，なぜか。スターバックスの提案価値が，単なるコーヒーという飲み物の提供ではなく，コーヒーなどを飲みながら，人と語り合ったり，新聞や雑誌，お気に入りの書籍を読んだり，考えにふけることができる場所の提供であるからと考えられる。顧客はドリップコーヒーに限定されない，スターバックスの提案価値に

魅力を感じ，高い対価を支払っている。

　では，価値とは何か。それを見つけ出すことが，事業戦略の策定と実行の担い手には求められる。**価値**とは値打ち，いわゆる製品の品位，たとえば自然に尊敬したくなるような気高さや有用性（使う人の利益になること），便益とも考えられる。いずれにせよ，顧客の考えている何らかの目的の実現に対して，製品やサービスがもたらす役立ちの性質や程度のことを指す。

　既存の製品やサービスに対して，顧客の抱える不便・不満・問題点を発掘し，それを解決することが，顧客にとっての価値となる。ここでいう不便とは，顧客が向き合っている都合や具合の悪さを指す。また不満とは，解消されないで残る納得できない点を指す。そして問題点とは，あるべき姿と現状との間で，解決を要する事柄を指す。問題点は，顧客にとって複雑で面倒であり，手間のかかる存在である。

　言うなれば「顧客に対して，どのようにして役に立ちたいのか。」「どのようにして，顧客のためになりたいのか。」に対する解を，顧客に提案する必要がある。顧客の優先事項を反映させ，抱える不便・不満・問題点に対する解決策を提案する。その不便・不満・問題点が，既存の製品やサービスでは解決の困難なものであるほど，その解決策としての製品やサービスは，需要の獲得に結びつく（小沢，2021）。そのためには顧客の立場になってみながら，「これはどうか，あれはいかがか」と試行錯誤を重ねたり，何度も自身や顧客に問いかけ続けたりする。このような繰り返しから，顧客に寄り添って考える姿勢が育まれる。

　ある地域の書店が，喫茶スペースを併設した。そのスペースでは，本を購入する人がコーヒーを飲みながら，ページをめくっている。本とコーヒーが補完し合うことで，需要を獲得している。この書店が顧客と接する経験のなかで，本が好きな人は，音楽も好きであることが明らかとなった。そこで店内で，音楽CD（コンパクトディスク）も売り始めた。さ

らに本が好きな人は，手紙などを書くことも好きであることが明らかになった。そこで店内で，葉書や便箋なども売るようになった。その書店が顧客に寄り添って考えた結果として，いずれも本を買う人が併せて買うような製品やサービスを提供する。これにより，その書店の利用頻度を上げ，ついで買いを誘発する。ひいては，売り上げの向上を図っている。

　顧客の立場になり，顧客そのものになるかのように寄り添って考える。**顧客志向**は，仕事の基本と考えられる。しかし顧客に対して従うことや媚びること，および卑屈になることとは異なる。顧客の言いなりになるということは大変なように見えるが，とても楽に実践できる。言われたことに従うと，自社では何ひとつ考える必要はなくなり，顧客などからの指示を待てば良い。このような顧客任せの受け身の姿勢で，顧客が喜ぶ製品やサービスを提供することができるだろうか。また顧客の消費行動を先回りした，製品やサービスの価値を提案することは可能だろうか。飲食店などで，顧客の依頼を受けて，店員がもう一杯の水を差し出すことは，顧客に従っているに過ぎない。顧客のテーブルに目配りをし，コップの水が少なくなってきたと判断し，顧客が手をあげて店員を呼ぶまでに，テーブルへ近づいて水をコップに注ぐ。顧客に従うだけのサービスでは，消費行動の先回りができない。それだけでは，自社の独自性の高い価値を提案することが難しい。

未知のニーズを掘り当てる「インサイト」

　さまざまな製品やサービスにおいて，「良いものを，より安く」が当たり前となっている。その上で，顧客が選択するものは何か。この疑問に対する答えを突き止めるには，顧客への洞察や将来を見通す力である**インサイト**（insight）が欠かせない。

　あの時，○○であったから，■■になった。であるならば，今度は＊＊をすれば，☆☆になるのではないか。実体験に基づく類推を通して，

人と社会の特定の局面に，全体を見通す。その力であるインサイトは，新しい事業の仕組みが生まれる時のほか，既存の事業や顧客の行動のなかで，何か新しい基軸となり得るものを発見することができる。

　直接的には未知のことであっても，「いつか，どこかで見た風景」や「いつか来た道」が，実体験に根ざして類推される。そして成り行きがリアリティをもつようになり，見通すことを可能にする。このようなインサイトがほとばしれば，とっさの判断も利くようになる。

　創業者や事業担当者によるインサイトのほとばしりが，新規事業の開発に奏功している実例はいくつかある。

　かつては小売業の売上高で，日本一を達成したダイエー。その創業者である中内㓛は，戦争で野火と人の生死を目の当たりにし，すき焼きを腹いっぱい食べる家庭の実現を誓った。そしてアメリカで視察したスーパーマーケットの仕組みを通して，1957年に創業したダイエーの事業への自信をもつようになった。

　1958年に元禄寿司を創業した白石義明は，ビール工場のベルトコンベアを目の当たりにして，旋回する食事台を考案した。そして2020年には7,200億円という市場規模を有する，回転寿司の事業の仕組みを確立した。

　ヤマト運輸の2代目社長の小倉昌男は，アメリカのマンハッタンの十字路に，4台の同じ会社の小荷物集配車が，停車して作業している風景を目の当たりにした。その断片的な事実から，荷物の密度を高めれば小口荷物の配送は成功すると確信した。そして集配密度をカギとして，1976年に宅急便事業を開始した。

　ケアプロの創業者である川添高志は，大学生の時に，アメリカで視察した新しい予防医療ビジネスをキッカケとして，自分の健康状態を自らで把握するという革新的なヘルスケアサービスを，2007年に創出した。

　消費からインサイトを得るには，消費者に寄り添って考えることが大切となる。

ユニ・チャームは，インドネシアでベビー用のオムツを展開するにあたり，担当者が200軒にも及ぶインドネシアの一般家庭を汗だくになって訪問し，ベビー用オムツの使い方を観察した。その結果，日本での常識とはまったく異なる使い方の実態が明らかとなった。当時のインドネシアの一般家庭には，オムツの交換ができる清潔な床が少なかった。乳幼児に対して，布パンツを立ったまま履かせていた。そこでユニ・チャームは，基本的な機能以外を削ったパンツ型の紙オムツを，低価格でインドネシアの市場に投入した。

　また紙オムツの購買実態を探ると，日本で見受けられる「まとめ買い」を行っていなかった。インドネシアでは，個別包装された紙オムツが好まれた。個別包装された紙オムツを店頭に並べると，インドネシアの消費者は，お試しで1個を購入する。このような実態を受けて，外出の時だけ使用するという提案も可能となった。

　このような紙オムツのマーケティングを行った結果，インドネシアの市場におけるユニ・チャームのシェア（占有率）は65％となった。

　対象となる消費者，その人の立場をとって周囲を見たり，その人の気持ちになったりする。すると，その人が何に苦労し，何に楽しさを覚えているのかが理解できるようになる。消費者に寄り添って考えていくなかで，「何か変だな」と気づいた場合，「その消費者には，そのようにしなければならない理由があるはず」と考え，好奇心をもって更に深く理解する必要がある。その結果として，売り手側の有する当たり前の目線が覆され，未知のニーズを掘り当てることを可能にする。

　理解を可能とするには，その人たちと生活を共にし，彼らの喜びや悲しみを共有し，彼らが交わす冗談などが理解できるようになる必要がある。このような理解が進むと，彼らの痛みを，自分の痛みとして感じることも可能となる。このような理解に寄与する調査手法として，**エスノグラフィー**（ethnography）がある。エスノグラフィーでは，対象とな

る消費者のいる社会に出かけて観察をしたり，インタビューを行ったりする。これらの作業を通して，小さな範囲での人びとの生活の違いを解釈し，ありのままの状況を描くことに集中する（Belk *et al.*, 2013）。

　ここまで来て初めて，売り手側に限らず，消費者の生活にみられる当たり前の出来事や目線が，彼らにとって，どのような意味をもつのかがみえてくる。

　以上のような，対象である消費者に**棲み込む**（dwell in）ことが，インサイトを得るためには必要である。消費者に寄り添って考えることで，眼前にある手がかり，あるいは対象から，その背後に潜む「意味ある全体」を見通し，それを事業に活かすことが大切となる。

　消費者に寄り添う上で，何について考える必要があるのか。それは，戦略の対象である事業のことである。何のために事業活動を行うのか。この事業を，どのように進めていくのか。誰をターゲットに，どのように売れば需要を獲得することができるか。このようなことを一所懸命に考え続けると，頭のなかは，想念でいっぱいになる。そして頭のなかの99.9％を占めるくらい，消費者や顧客企業に寄り添いながら考え続けると，偶然にもすれ違う人が，自分たちの事業にとって，どのくらい大切な人であるかがわかるようになると言われている。これらの想念でいっぱいになると，周囲の何を見ても，誰の話を聴いても，戦略の対象である事業について，つい関連づけて見たり聴いたりしてしまう。戦略策定や実行の当事者の常識のなかでは，接点の持ちようが考えられない複数の情報やアイデアであっても，彼らを占有する想念が接点を与える。そして顧客への提案価値が，創発される。意味のある偶然の一致である**シンクロニシティ**（synchronicity）の発見や，幸運な偶然を手に入れる力でもある**セレンディピティ**（serendipity）は，消費者や顧客企業と寄り添いながらの想念でいっぱいの事業活動から生まれると考えられる。

　市場とは，複数の売り手が競争をしながら，複数の買い手と製品やサービスに関する取引を行う場のことを指す。また，製品やサービスを生産・販売している在来企業（群）に対する買い手の集まりとも考えられる。事業戦略は，**既存市場**で競合他社からシェアを奪い合うことだけではなく，**新規市場**の創造をめぐって競い合うことも志向する必要がある。優れた事業戦略の本質は，新規市場の創造にある。このことについて，否定する余地はない（Drucker, 1954；Chandy and Tellis, 1998；Slater and Narver, 1998）。三品（2007）は，企業における**戦略不全**の背景のひとつとして，成長性の乏しい市場での活動を指摘し，成長性ある市場への転地を推奨している。条件の悪い業種で事業を営むことで，戦略不全，ひいては経営の失敗に陥るという訳である。三品（2007）は**事業立地**を，「何を誰に売ることを主業とするか」（p.119）と定義づけている。その立地に不毛なものと肥沃なものがあるとすれば，今後の成長性に期待できない沈みゆく不毛な立地は捨て，新たに浮かび上がり成長性に期待できる肥沃な立地を選び取る**転地**が，企業にとって今後の命運を大きく左右する戦略となる。Kim and Mauborgne（2017）も，競合他社がひしめき血みどろの競争が展開されている既存市場を脱出して，競争のない新規市場（**ブルー・オーシャン**）を創造することを推奨している。

　しかし既存市場を見捨てよと，無反省に推奨すべきでもない。三品（2007）の提唱する主業の転地は，実際のところ難しい。新旧の主業の逆転を待つ場合には，最低でも10年を超える時間を要する。その背景として，事業立地を定めて競争を勝ち抜くために，多くの経営資源を投入した結果，蓄積された資産や知識，経験を，他の事業に転用することの難しさが挙げられる。

　とくに売り上げや従業員規模が小さい企業や零細事業者の場合，上場

会社ほど経営資源が潤沢ではないことが多い。よって主業の転地が，より困難となる。これらの企業が主業の転地を進めた場合，経営者の自尊心が邪魔をするだけではなく，転地前の主業に携わっていた従業員の労働意欲の低下が生じたり，取引先や関わってきた地域社会からの反対を押し切ることで信用に傷がついたりする。また，投資をしてきた資金の回収や資産の処分をする必要が生じる。これらの**撤退障壁**（Porter, 2003）の影響が強く働くために，経営資源に余裕のない企業群では，転地自体が自社の命運を危うくする。

　事業戦略を策定・実行する際に問うべきことは，新規市場を創造すべきか否かではない。既存市場の維持・拡大を企図しながら，いかにして新規市場を創造するかが問われる（Nordhielm and Dapena-Baron, 2014）。しかし現実には，既存市場の維持・拡大と新規市場の創造の両立は難しい。

　新規市場を創造するには，既に事業活動を展開している本業とは異なる視点で，市場をとらえる必要がある。市場創造の手がかりを探るには，市場の垣根をこえて，他の市場や企業群の実践から，学べるところは学ぶという，虚心坦懐な姿勢が必要となる。これまでの日本企業は，真似ばかりすると批判されてきた。しかし他社が手掛けていることを学び，それを乗り越える独自のノウハウを蓄積してきたことも事実である。最近では，独自の製品や独占的な市場を開発しなければならないという空気が強くなりすぎている。新規の市場や製品のアイデアについては，これまでになかったまったく新奇なものであることなど稀である。その時代では新しいものであっても，他の世界・市場・時代によく似たものがあったという例が多い。他の市場や過去の事例から新鮮なヒントを得て，イイものは良いと認める。そして単なる模倣ではなく，自社の哲学に合わせた強みを強化する**創造的模倣**が，新規市場を創造する上でのカギとなる。さまざまな時代の，多様な分野の市場に関する事例は，先行して実践がなされている。よってヒントや制度，仕組みなどに潜む弱点も，

事前に理解することができる。そして先行している分だけ，その弱点に対応するための知恵も生み出されている。故に模倣対象として有効である。

　本業から提供される製品やサービスを補完するような製品やサービスに着目したり，既存市場での常識，いわば「当たり前の目線」を疑ったりすることでも，市場創造の手がかりを探ることは可能である。

　既存市場での常識とは，事業戦略の策定や実行の体系，製品の売り方，サービスの提供の仕方など，既に出来上がった考え方や方法のことを指す。これらの常識は，既存市場を構成する自社や競合他社，原材料の供給業者，顧客に至るまで浸透し，人びとの思考と行動を支配している。

　常識がもたらすメリットは，自社内であれば，協働の体系を形成・維持する上での共通の基盤となりうる点が挙げられる。常識にしたがっていれば無難であり，他者と揉めることが少なく済む。このことは事業活動に関して，素早い意思決定が可能になるなど，効率性の向上をもたらす。また市場での取引において，常識を受け入れ，それに従うことが，ルールやエチケット，処世術にもなりうる。

　常識が市場を構成する人びとの脳裏に深く刻み込まれていると，それを疑ってみることがなくなる。既存市場における顧客のニーズや，製品やサービスの消費に関する目的と手段に対して，常識は確からしさを支え続けている。その誰もが当たり前であると考えていたことを，論理的・科学的に跡付けていくなかで，常識とは異なった結果へと導く可能性がある。常識とは異なる，新しい発見があるということは，競合他社や顧客など，誰もが気付いていなかったことに気付くということでもある。

　しかし常識からはみ出たものは，その市場における過去の経験から紡ぎ出されたさまざまな慣習，及び企業間における競争や協調行為，技術的知識のやりとりから自然発生的に発達した，ものの見方から外れることを意味する。常識を守らない，常識からはみ出たものを大切にすると，時として取引仲間から排除されてしまう。

それでも，既存市場の常識からはみ出たものから事業機会を見出し，獲得するべく事業戦略を策定・実施すれば，新規市場の創造を可能にすると考えられる。なぜならば多くの競合他社にとって，既存市場の常識からはみ出たものは，忌避すべき，取り組むこと自体が面倒な存在だからである。いわば既存市場にとって，驚きのある事業戦略を策定・実行し，競争が生じにくい新規市場を創造することを可能にする。そもそも驚きのない事業戦略は，誰もが知っていることを，ごく普通に行っただけに終わる。

　常識に踏みならされた道は，誰でも通ることができる。決まりきった次のステップとは違う一歩を踏み出したとき，及び予想もしなかった角を曲がって何か違うことをしようとしたとき，何が起こるのか。用意された道に留まったほうが，確かに楽である。しかし常識で踏みならされた道は，選択肢のひとつにすぎない。当たり前の目線からなる常識とは何かを考え，見直そうとすれば，選択肢は限りなく広がる。そして事業経験を積めば積むほど，選択肢の幅は，遥かに広がる。

《参考文献》

Ansoff, H. I.（1957）"Strategies for Diversification," *Harvard Business Review*, 35(5)：113-124.

Belk, R., Fischer, E. and Kozinets, R. V.（2013）*Qualitative Consumer and Marketing Research*, SAGE Publications Ltd.（松井剛訳〔2016〕『消費者理解のための定性的マーケティング・リサーチ』碩学舎）

Chandy, R. K. and Tellis, G.（1998）"Organizing for Radical Product Innovation: The Overlooked Role of Willingness to Cannibalize," *Journal of Marketing Research*, 35(4)：474-487.

Dorothy, L-B.（1995）*Wellsprings of Knowledge*, Harvard Business School Press.（阿部孝太郎・田畑暁生訳〔2001〕『知識の源泉―イノベーションの構築と持続』ダイヤモンド社）

Drucker, P. E.（1954）*The Practice of Management*, New York: Harper &

Row.

Hax, A. C.（2010）*The Delta Model: Reinventing Your Business Strategy*, Springer.

Keeley, L., Walters, H., Pikkel, R. and Quinn, B.（2013）*Ten Types of Innovation: The Discipline of Building Breakthroughs*, Wiley.（平野敦士カール監修〔2014〕『ビジネスモデル・イノベーション　ブレークスルーを起こすフレームワーク10』朝日新聞出版）

Kim, W. C. and Mauborgne, R.（2017）*Blue Ocean Shift*, Grand Central Publishing.（有賀裕子訳〔2018〕『ブルー・オーシャン・シフト』ダイヤモンド社）

Kotler, P., Kartajaya, H. and Setiawan, I.（2021）*Marketing 5.0: Technology for Humanity*, Wiley.

McGrath, R. G.（2013）*The End of Competitive Advantage: How to Keep Your Strategy Moving as Fast as Your Business*, Harvard Business Review Press.（鬼澤忍訳〔2014〕『競争優位の終焉―市場の変化に合わせて，戦略を動かし続ける』日本経済新聞出版）

Nordhielm, C. L. and Dapena-Baron, M.（2014）*Marketing Management: The big Picture*, Wiley.

Osterwalder, A. and Pigneur, Y.（2010）*Business Model Generation: A Handbook for Visionaries, Game Changers, and Challengers*, Wiley.（小山龍介訳〔2012〕『ビジネスモデル・ジェネレーション　ビジネスモデル設計書』翔泳社）

Porter, M. E.（2003）*Competitive Strategy*, The Free Press（New 版）.

Ries, A. and Trout, J.（2001）*Positioning: The Battle for Your Mind*, The McGraw-Hill Companies, Inc.（川上純子訳〔2008〕『ポジショニング戦略［新版］』海と月社）

Rumelt, R. P.（2011）*Good Strategy, Bad Strategy: The Difference and Why It Matters*, The Crown Publishing Group.（村井章子訳〔2012〕『良い戦略，悪い戦略』日本経済新聞出版社）

Slater, S. E. and Narver, J. C.（1998）"Customer-led and Market-oriented: Let's Not Confuse the Two," *Strategic Management Journal*, 19（10）：1001-1006.

伊丹敬之（2012）『経営戦略の論理―ダイナミック適合と不均衡ダイナミズ

ム〔第4版〕』日本経済新聞出版

上原征彦・大友純（2014）『価値づくりマーケティング―需要創造のための実践知』丸善出版

小川進（2013）『ユーザーイノベーション―消費者から始まるものづくりの未来』東洋経済新報社

小沢貴史（2021）『市場再活性化のメカニズム』千倉書房

久保田進彦（2012）『リレーションシップ・マーケティング―コミットメント・アプローチによる把握』有斐閣

新宅純二郎（1986）「技術革新にもとづく競争戦略の展開」『DIAMONDハーバード・ビジネス・レビュー』11(4)：81-93

原田勉（2016）『イノベーションを巻き起こす「ダイナミック組織」戦略』日本実業出版社

廣田俊郎（2016）『企業経営戦略論の基盤解明』税務経理協会

安本雅典・真鍋誠司編（2017）『オープン化戦略―境界を越えるイノベーション』有斐閣

三品和広（2007）『戦略不全の因果―1013社の明暗はどこで分かれたのか』東洋経済新報社

山倉健嗣（2007）『新しい戦略マネジメント―戦略・組織・組織間関係』同文舘出版

吉原英樹（1986）『戦略的企業革新』東洋経済新報社

‥‥《いっそう学習（や研究）をすすめるために》‥‥‥‥‥‥‥‥‥‥

小沢貴史『市場再活性化のメカニズム』千倉書房, 2021年

　　戦略を繰り出す企業の視点に限らず, 需要が長期にわたって停滞・衰退している市場を題材に, 需要を再び獲得する, 新たな需要を創出するための企業間の競争と協調のあり方について, 考えを深めることができる。日本の国産品市場における競争力の復活のカギとして, 希望の社会化を提唱している。

松浦弥太郎『期待値を超える　僕が失敗しながら学んできた仕事の方法』光文社, 2020年

　　この著作は, 事業戦略について直接的に取り扱っているわけではない。しかし顧客への対応や, 製品・サービスが売れる理由づくり, 未知のニーズを掘り当てるインサイトについて, 考えを深める素材に溢れている。

沼上幹『小倉昌男　成長と進化を続けた論理的ストラテジスト』PHP研究所，
2018年

　　宅急便事業の生みの親でもある小倉昌男について，経営の持論や戦略
策定の背景，インサイトに対する理解を深めることができる評伝である。
集配に関わる主婦の気持ちや，その製品ごとに携わる人の気持ちを十二
分に理解して，事業に活かす。その様のリアルさに溢れており，奥深い。

《レビュー・アンド・トライ・クエスチョンズ》

　「ポジショニング（Positioning）」について，次の3つの設問に対する，
あなたの考えを述べてください。
　①　なぜ事業戦略において，ポジショニングを考え，その実現をして
　　いかなければならないのでしょうか。
　②　ポジショニングの限界点，事業戦略にもたらす問題点とは，何で
　　しょうか。
　③　先の②で指摘した限界や問題点について，経営資源が乏しい中小
　　企業やベンチャー企業は，どのようにすれば克服できるのでしょう
　　か。

第  章

アライアンス戦略

本章のねらい

　本章では，企業間の協調関係に焦点を当てる。企業は，
自社に必要な活動のすべてを自社で行うわけではなく，
他企業と連携しながら，自社がなすべき事業の範囲を決
定し，事業を遂行していく。さらに，原材料や部品など
を取引する企業だけではなく，本来競争相手である企業
とも，こうした協調は行われる。本章では，こうした企
業間の協調行動をアライアンス戦略としてとらえる。具
体的には，アライアンスを説明する枠組みとして取引コ
スト理論について説明する。その上で，アライアンスが
生じる背景としてどのような要因がアライアンスを促進
するのか，アライアンスを維持し成功させるためにどの
ようなマネジメントが必要なのか，そしてアライアンス
がもたらす競争優位とアライアンスの進化について考え
ていく。

アライアンスと取引コスト理論

　企業は自社の経営活動を他社との関係性を通じて実現している。たとえばメーカーであれば，原材料や部品を自社で内製するか，それとも他の企業から調達するのか，あるいは，自社で製造から販売まで手掛けるのか，それとも小売企業を通じて販売するのか，といった意思決定を行わなければならない。事業の範囲を定め，自社で手掛けるべき活動と他社に任せる活動とを明確化し，選択と集中を行う。

　さらにこうした企業間の関係性は，原材料調達から販売に至るまでの垂直的な関係においてのみ生じるものではない。同業他社，つまり本来競争関係にある企業との間でも生じる。協調関係が成り立つことは，第1章のゲーム論をベースにした経営戦略において触れられていた。ブランデンバーガーとネイルバフの**価値相関図**（図表1－5）が示したのは，自社と競争相手，補完的生産者，顧客，供給者は，市場において価値を奪い合い競争するが，市場の拡大や新たな価値を生み出すために協調することもある，ということであった。

　たとえば，日本の自動車メーカーは，自社で原材料や部品を内製しているわけではなく，各企業が系列というかたちで，原材料や部品メーカーと長期的・継続的な取引を行っていることが知られているが，企業間の関係はそれだけではない。図表5－1は，2020年3月時点で，日本の自動車メーカーが結んでいる資本・業務提携をまとめたものである（日本自動車工業会）。企業間の関係の種類の詳細については後で述べるが，本来同じ製品を手掛ける企業同士が，技術面，研究開発，生産・販売など，多様な側面で協調的な関係を結んでいることがわかる。もちろん，これ

は国内メーカー同士の関係を示しているもので，これ以外に，海外自動車メーカーとの間にも，協調関係が存在している。

　こうした企業間の関係性について検討する研究はいくつかある。先のゲーム論に基づく経営戦略論の他にも，協調関係が成立する要因として，自社が保有していない資源をもつ他の企業と連携することで補完する点に注目した**資源依存論**の視点や，市場取引に伴って生じるコストを低減するために経営統合やアライアンスが形成されるとする**取引コスト理論**，自社にない外部の知識の獲得の機会としてアライアンスをとらえる**組織**

図表５－１　日本の自動車メーカーの資本・業務提携関係

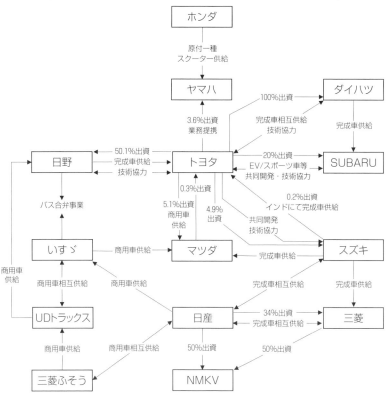

出所）（一社）日本自動車工業会 web ページ，https://www.jama.or.jp/（2021年11月7日閲覧）
　　　より筆者作成

間学習論など，アライアンスにアプローチするための分析視角は多い。以下では，これらのなかでも経営戦略論で用いられることが多い取引コスト理論についてより詳しく見ていきたい。

市場と組織——取引コスト理論

　取引コスト理論は，経営学にもっとも影響力をもつといわれており（入山，2019：133），コース（Coase, R. H.）に始まり，ウィリアムソン（Williamson, O. E.）によって精緻化された理論である。

　コースが提起したのは，企業という組織の存在についての問題である。経済学において，経済における資源配分が市場，すなわち価格メカニズムによって効率的に調整されるならば，なぜ組織が必要なのか（Coose, 1937：388）。コースが取り上げた課題は，市場を通じた価格メカニズムによる調整と，組織における経営者の権限に基づく調整，すなわちヒエラルキー（階層）による調整という2つの手段の選択をどのように決定しているのか，という問題であった。この問題に対する答えが，取引における費用の節約の結果だ，という考え方である。現実では，市場を介した取引であってもさまざまなコストが発生する。たとえば，取引相手を探索するコスト，契約するときのコスト，取引が契約通りに遂行されているかを監視するコストなどである。他方で，これら市場取引に関わるコストを削減しようと取引相手を統合し，組織化したとしても，組織内部で生じるさまざまなコストがある。端的に言えば，こうした取引にかかるさまざまな調整のコストを削減するために，市場取引か組織化かを選択するというのが，コースの考え方であった。

　ウィリアムソンは，コースの議論のなかでもとくに，取引とそれにともなう費用を分析の対象とすることと，取引コストの源泉として不確実性と限定された合理性を取り上げたこととを引き継ぎ，議論を精緻化していった。この取引にともなうコストを節約するための制度，あるいは

ガバナンスの形態として市場と組織を対置し，取引コストが発生する要因を枠組みとして整理し，「市場か，組織か」の問題をとらえたのがウィリアムソンの取引コスト理論である。彼は，取引コスト理論を次のように要約している（Williamson, 1975，邦訳：16-17）。

第一に，市場と組織は取引を行うための代替的な制度であり，分析対象として取引に注目する。第二に，取引に注目した場合，市場か組織かの選択は，それぞれの効率性に依存する。つまり，選択は，効率性を基準としてどちらが取引コストを節約できるか，によって決められる。第三に，取引コストは，意思決定を行う市場の諸特性と，人間の諸特性に応じて変動する。こうした特性が，市場と組織の双方の取引コストの要因となり，取引を分析する際には，この人間の特性と市場の特性の双方をとらえる必要がある。

ウィリアムソンもコースと同様に，市場を通じた取引が効率的ではない場合があることを認めるが，加えて，組織においてもそれが完全に効率的になされるわけではないという点に注目する。市場が効率的に働かない場合，すなわち，価格メカニズムが理論通り効率的に働かないことを**市場の失敗**という。たとえば，特定の企業の独占などが生じ，企業間の競争がうまく働かない場合，ある業界での効率性の追求が，他の業界の効率性を妨げる場合（外部性と言われる）などである。他方で組織にもこうした非効率が存在し，これを**組織の失敗**と呼ぶ。この組織の失敗の枠組みが，市場の特性と人間の特性によって取引コストが発生する要因を整理したものであり，取引コストを分析する際の枠組みとなる。

取引コストの発生要因

さまざまな取引において，取引相手の探索や取引に関わる契約の締結，契約後の監視などの取引コストが発生することは避けられない。したがって，取引コストの発生が，より緩和される形態を企業は選択すること

になる。この市場や組織で生じる取引コストの発生を分析する枠組みが組織の失敗の枠組みである。取引コストは，先述の要約の第三にあったように，市場の諸特性と人間の諸特性によって規定される。

市場の諸特性とは，市場取引における環境の要因である。第一に，取引の**不確実性**および**複雑性**である。取引は将来の不確実性が高まるほど，また，取引の内容が複雑であるほど，探索や契約，監視のコストが高くなる。不確実性が高ければ，将来生じる可能性のある出来事を特定することは不可能か，困難であり，それを特定するためにコストが生じる。同様に，取引に関する契約の内容が複雑であれば，その内容をすべて列挙することが難しくなる上に，契約の内容が正しく遂行されているかどうかを確認することもまた難しくなる。

第二は，**少数性**である。少数性とは，その取引に参加できる主体が少ないこと，また取引の過程で少なくなることを意味している。取引に参加する主体が多いということは，競争が生じることを意味する。たとえば，メーカーが原材料や部品を市場取引によって調達する場合，複数の供給者が存在すれば，そこには競争圧力が生まれる。複数の供給者は，自社製品を買ってもらうために，価格を抑え，品質を高めるだろう。メーカーはそのなかから多くの利益を得られる取引相手を選択することができる。逆に，供給者が少ない場合，供給者側の交渉力が高くなる。メーカーは，取引においてその少数の供給者の提示する価格での購入を迫られる可能性がある。

また，当初の取引では多数の参加者がいたとしても，取引の継続によって次第に少数化していく場合がある。というのも，取引を続けていくなかで，相手に合わせて製品・サービス，さらにはそれを生み出すための設備などをカスタマイズしていくことがあるからである。こうした投資は，特定の相手との取引に限定されていくという意味で，**取引特殊的投資**とよばれる。取引の**特殊性**は，取引主体の間の相互依存性を高める。

この相互依存性のために，一方では長期的な協力が得られるが，他方で，他の取引相手を選ぶことができないという状況が生じる。

　人間の諸特性における要因の第一は，**限定された合理性**である。限定された合理性とは，合理的ではあるけれども，それが限られた範囲でしかないということを示す概念である。人間の能力は限られているために，合理的ではあろうとするけれども，それは完全にはなり得ない。人間にこうした能力の限界があるからこそ，取引相手の探索，契約，契約後の監視にコストが生じる。

　第二は，**機会主義**である。経済学においては，人間は自己の利益を最大化するように行動すると仮定されている。取引コスト理論においても，この前提は変わらないが，そこに戦略的な行動が含まれるように拡大されている点で異なっている。戦略的な行動とは，虚偽やごまかし，ずる賢いやり方などを含むという意味であり，機会があれば正直さを捨てて自己の利益を追求するという行動が機会主義である。

　市場の要因と人間の要因はそれぞれ独立した要因であるというよりも，組み合わさることで取引コストを生じさせる。とりわけ，限定された合理性と不確実性・複雑性，機会主義と少数性という組み合わせである。取引が不確実で複雑な状況であったとしても，人間に完全な合理性が備わっていれば，そうした状況は正しく処理され，コストは発生しないだろう。逆に，合理性が限定されていたとしても，取引が単純で不確実なものでなければ，情報処理の負担もなくコストをかけずに取引を遂行することができる。また，取引主体が少数であったとしても，機会主義の前提がなければ，特定の取引相手との継続的な協力関係は維持され取引は遂行されるし，多数の参加者によって行われる取引関係であれば，機会主義的な行動は競争によって抑えられる。市場の諸要因はこのように，人間の諸要因と組み合わされなければ，必ずしも取引コストを発生させるとは限らない。

取引コスト理論では，市場か組織かという選択の問題を，それぞれに
かかる取引コストを上記の要因に着目して分析し，その比較によって決
定されるとする。取引において生じる摩擦（すなわち，取引コスト）が，
市場の参加者が利益を最大化しようとする行動を通じた市場による自律
的な調整か，ヒエラルキー（階層）における権限と命令の関係性による
組織的な調整か，より効率的な方法が選択されるのである。ただし，こ
の市場と組織という代替的な調整メカニズムは，「両極のモード」（William-
son, 1991：280）であり，その双方の要素を含んだという意味でハイブリ
ッドな形態が存在する。

中間組織——市場と組織のハイブリッド

　組織によるコントロールとも純粋な市場取引とも異なる，ちょうど中
間の形態だと考えることができるのが，日本の系列取引である。この市
場と組織の両方の調整を含んだ形態を，今井賢一・伊丹敬之・小池和男
（1982）は**中間組織**と呼ぶ。

　今井らは，取引コスト理論の前提としてある市場と組織の特徴を①取
引参加者の決定原理の特徴と②参加者間の相互作用の特徴の2つの次元
からとらえる。そうすると，市場（Market）は，

　　M_1＝価格を媒体とした個々の利益・効用最大化という決定原理

　　M_2＝自由な参入・退出といったメンバーシップ

　一方，組織（Organization）は，

　　O_1＝権限に基づく命令による決定原理

　　O_2＝固定的・継続的なメンバーシップ

として特徴づけられる。こうした市場と組織の特徴を純粋型として，現
実の取引においてはそれぞれの中間すなわち，決定原理としての M_1＋
O_1，メンバーシップとしての M_2＋O_2があることを指摘する。たとえば，
前者は，自由な取引が行われるがこれを何らかの形で統制する機関が存

在する場合である。後者は，原則的には退出という選択が可能であるが，実際には長期継続的な取引となっている場合，たとえば，自動車メーカーが系列化した企業に対して退出という選択を留保している場合である。

決定原理について，M_1，M_1+O_1，O_1，メンバーシップについてM_2，M_2+O_2，O_2のそれぞれ3種類があるとすれば，それらの組み合わせで図表5-2のような取引形態が考えられる。そのなかで純粋型としての市場と組織をのぞいたものが中間組織である。

取引を行う企業は独立したままであるが，完全に自由ではなく間に緩やかな結びつきをもつ企業間の協調関係は，たとえば，ある製品を異なる2つの企業が共同で開発したり生産したりする場合，ある企業が生産や販売を他の企業に委託する場合といったように，数多く存在する。このように互いに独立した企業どうしがある目的のもとで協調することを，**アライアンス**と呼ぶ。

図表5-2　市場・組織・中間組織

メンバーシップ／決定原理	M_2	M_2+O_2	O_2
M_1	市場		
M_1+O_1		中間組織	
O_1			組織

出所）今井・伊丹・小池（1982）p.142より

② アライアンス戦略の背景とマネジメント

アライアンス戦略とその背景

　アライアンスの特徴は，第一に企業が協働を実施した後も互いに独立性を保ったままであること，第二に，協力する企業同士が対等な関係にあることが挙げられる。アライアンスには企業同士が互いの目標を達成するために協働を行うという特徴があり，その意味では，提携に参加する企業は互いに対等な関係にある。第三は互恵性である。アライアンスに参加する企業は，互いにメリットを享受するものでなければならない。また，メリットだけではなく，コストも互いに分担される。

　バーニー（Barney, J. B.）はアライアンスの形態として次の3つを挙げている（Barney, 2001）。ひとつは**業務提携**である。業務提携とは，企業が製品やサービスの開発や製造，販売を共同で行うことをいう。これには，企業のブランドを他社の製品販売の際に使用することを許可したり，特許の使用を許可したりする**ライセンス契約**や，企業が他社に対してある製品の供給を同意する**供給契約**，ある企業の製品の配送を請け負う契約を結ぶ**配送契約**がある。

　第2は**業務・資本提携**である。これは先の業務提携による企業間のつながりをより強固にするために，株式の持ち合いをともなうものである。業務・資本提携には，相手先のブランド名で生産を行う**OEM**（Original Equipment Manufacturing）や，電子機器の受託生産を行う**EMS**（Electronic Manufacturing Service）がある。

　第3は**ジョイント・ベンチャー**である。これは，企業同士が共同で出資を行い，新しい企業を設立するというものである。この新しい企業から得られた利益は，出資した企業同士で共有される。

アライアンスの形態は，市場と組織を両局としてどの位置にあたるか
によって説明できる。ライセンス契約は，契約という定められたルール
のもとで行われるため，純粋な市場取引ではないものの，自律性は高く
市場に近い形態である。もし資本関係を取り結ぶことになれば，組織的
な調整の程度は高くなり，組織に近い形態となる。ジョイント・ベンチ
ャーは，異なる組織による協力ではあるものの，新たな組織を構築する
という点では，もっとも組織に近い形態となるが，新たな組織の構築と
いう点で，ジョイント・ベンチャーをアライアンスに含めない議論も存
在する（たとえば，Hamel and Doz, 1998）。

図表5−3　戦略的提携のタイプ

種類	内容
業務提携	互いに株式を持ち合うことなく，また独立した組織を作らず，契約を通じて企業間の協働関係をもつもの
業務・資本提携	契約のみの協力関係をより強固にするために，株式の持ち合いによって所有権をもつ協働関係
ジョイント・ベンチャー	提携する企業同士が共同で出資し，独立した企業を設立する

出所）Barney（2001）邦訳：7より筆者作成

　取引コスト理論に基づくならば，アライアンスが求められるのは，取
引コストの削減であり，経済的な問題に対する適応の選択肢のひとつと
してである。ただし，その形態には上記の分類以外にも多様なあり方が
ある。

アライアンスの動機

　先に述べたように，アライアンスという現象を説明するための視角に
は多様なものがあり，それぞれにアライアンスを規定する要因を求める
ことができる。アライアンスが企業に必要とされる背景に関して，松行
康夫・松行彬子（2002）は以下のような環境の変化を挙げている。

第一にグローバル化の進展である。グローバルな製品の展開や流通，世界各国の消費者への対応などに素早く対応するためには，自社の経営資源だけでは困難であり，他企業と連携することでこれを補完する必要がある。第二に，技術革新の加速である。技術革新を行うには多大な研究開発費を投入しなければならないが，単独でそれを負担するには限界がある。加えて，研究開発のスピードを高めていくためにも，他企業との協働が有効な手段として選ばれるようになってきている。

　こうした経営環境の変化が，企業に対してアライアンスの必要性を高めているが，では，個別企業のアライアンスの動機としてどのようなものがあるのか。企業はどのような理由で，アライアンスを選択するのだろうか。

　バーニーによれば，アライアンスが実現する経済的価値の源泉は，基本的には**範囲の経済性**にあるという（Barney, 2001）。範囲の経済性とは，企業が別々に事業を運営する場合に比べて，統合して事業運営をする場合の方の費用が低下するという経済性であるが，アライアンスによって得られる経済的価値は，多様に存在する。

　第一は，資源獲得である。自社の戦略や製品・サービスに関して必要な資源が不足していれば，それらを調達する必要がある。取引コスト理論に基づくならば，資源獲得における取引コストが最小化される場合，資源をもつ企業とアライアンスを結ぶことが効率的な方法となる。

　第二は，**規模の経済性**である。規模の経済性とは，規模の拡大に伴って製品の単位当たりのコストが低減されるコスト削減の効果である。同業他社と協調することによって，規模を拡大しコスト優位を実現することができる。

　第三に，不確実性への対処が挙げられる。たとえば，新規事業に投資する際，状況が不確実であればあるほど，失敗のリスクが高まり，事業を始めるために投じた資源を回収できない可能性がある。アライアンス

を通じて共同で新規事業開発のためのコストを分担することで，このリスクを低減することができる。

　第四は，低コストでの新市場への参入である。もっとも典型的な例は，海外市場に進出する場合である。新しい市場に進出し事業を展開するために，製造業であれば原材料や部品の調達先や，製品の配送，販売のネットワークなどを構築する必要がある。現地の企業とのアライアンスによって，それらの資源を活用することができる。

　最後は，学習によって得られる効果である。学習については後に詳細な検討を加えるが，学習によって得られる価値は，資源獲得のなかでも，情報や知識といった目に見えない資源であり，**情報的経営資源**と呼ばれる（伊丹，1984）。この情報的経営資源は戦略上，重要な役割を果たす。

　これらのアライアンスの動機は，どの企業とアライアンスを行うかという選択にも影響を与える。たとえば，規模の経済性は，同様の目的をもっている，同じ製品やサービスを事業としてもっていることが必要となる。また，資源の補完性や学習を動機としてもっている場合は，逆に，自社にないものを保有している企業と協力する必要がある。さらに，不確実な環境におかれ，リスクを回避したりする場合には，関連性の有無にかかわらず，多様な企業とのアライアンスが利益獲得の契機となる。

アライアンスの阻害要因

　取引コスト理論において設定された諸前提ゆえに，企業はアライアンスの継続を困難にさせる可能性をもっている。Barney（2001）は，アライアンス継続における脅威として，3つのパートナー企業の裏切りの可能性を指摘している。

　第一に，**逆選択**（アドバーズ・セレクション）の可能性である。自社にない資源や情報・知識を補完するために異なる企業と共同しようとする場合，企業間に情報の非対称性が生まれる。その情報の非対称性ゆえに，

企業には，本来提供できるはずの資源を偽ってしまう動機をもったり，限定合理性によって，本当に自社が獲得しようとしている価値がそこにあるのかどうかを完全に評価することが困難となる。パートナー企業が偽りなく本来提供すべき資源を提供しているかどうかがわからなければ，自社もまた本来求められる資源を提供することに抵抗するかもしれない。このような駆け引きの結果として，本来期待できる物よりも低い価値によって資源補完がなされる可能性がある。

　第二は，**モラル・ハザード**である。パートナー選択に成功し，アライアンスが締結されたとしても，当初の取り決めの通りに行動しない可能性がある。取引相手からの監視が困難な場合に，機会主義的な行動を企業がとることを考えれば，こうした契約違反が行われるが，モラル・ハザードは企業の不誠実さによるものだけではなく，将来の不確実性の高さから生じることもある。不確実性が高ければ，契約した際のアライアンスの状況そのものが変化する可能性も高くなる。アライアンスの状況が変化すると，アライアンスの目的自体もまた，合理的なものではなくなってしまう。そうなるとアライアンス締結後の行動において契約通りの取引が困難になる。

　第三は，**ホールド・アップ問題**である。この問題が生じる要因は，アライアンスにおける取引において，当該アライアンス以外の取引において価値をもたない資産，すなわち特殊性にある。一方の企業が他方の企業よりも特殊性の高い投資を多く行った場合，多く投資した企業に対して，少なく投資した企業がアライアンスの取り決め以上に負担を強いる可能性がある。多くをアライアンスに限定された価値しかもたない投資をした企業は，このアライアンスが継続しない限り，利益を手にすることができなくなる。そのため，アライアンスの継続のために，不利な条件を受け入れざるを得ない，という状況が生じる。

　これらの3つは，取引コストを発生させる要因と深い関わりをもつが，

この他にも，アライアンスの継続を困難なものにする要因がいくつかある。ひとつは，競争と協調のジレンマである。アライアンスには，競合他社との協働も存在する。アライアンスの動機のひとつである学習の効果は，自社が学習によって情報や知識を獲得できるものであるが，これは他方で，自社の競争相手の競争力を高めてしまうことでもありうる。

　もうひとつは，企業間の異質性である。企業はそれぞれに異なる判断の基準や価値観をもっている。これを**組織文化**と呼ぶが，アライアンスにおいては，こうした文化の違い，ひいては仕事の進め方や考え方の異なる相手と協働しなければならない。本来的に考え方の異なるパートナーとの協調を促進するためには，**組織間コミュニケーション**が重要となる。山倉（1993）によれば，組織間コミュニケーションには以下の３つの機能がある。第一に，組織間の調整である。コミュニケーションが行われることによって，組織間の行動を予測することが可能になり，協力体制を維持できる。第二に，価値観の共有促進である。コミュニケーションは意味形成のプロセスでもある。組織間でコミュニケーションをとることによって意味形成のパターンが共有され，組織間で価値観の共有を図ることができる。これらを通じて，第三の機能である，取引の円滑化が実現される。

アライアンスのマネジメント

　上記のさまざまな困難を乗り越え，アライアンスを成功させるためには，アライアンスのマネジメントが必要となる。具体的には，**適切なパートナーの選択**，アライアンスの**ガバナンス形態の設計**，継続のための**アライアンス能力の構築**，の３つがある（Kale and Singh, 2009）。

　アライアンスのマネジメントの第一は，パートナーの選択である。アライアンスを通じて企業が戦略的な目的を達成できるかどうかは，どのような企業と協調関係を結ぶかが重要な意思決定となる。パートナー選

択の基準には，補完性，コミットメント，互換性の３つがある。

　パートナーの補完性は，パートナー企業が自社にない経営資源や知識をアライアンスによって提供する程度である。補完性がある場合は，自社にない資源や知識をパートナー企業から獲得する一方で，自社のもつ経営資源や知識でパートナー企業に不足しているものを補う。パートナー間での経営資源の共有がなされ，補完関係が成り立つかどうかは，アライアンスの成功に不可欠な点であり，提携後の成果に影響を与える。

　次に，コミットメントは，補完性を備えた企業が，協調関係において資源を共有する意志があるかどうか，さらに，アライアンスの長期的な継続に対して生じる短期的なコストを払う意志があるかどうかを意味する。

　最後に，**パートナーの互換性**とは，事業遂行上のさまざまな手続きやルーティン，さらには**組織文化**が適合しているかどうかである。先述のように，仕事の進め方や，物事に対する基本的な価値観としての組織文化が異なっている場合，協働を進めることが困難となる。アライアンスが実現すれば，これらは学習や組織間コミュニケーション，信頼の構築などによって低減されていくが，パートナー選択の段階においては，注意しなければならない。

　パートナー選択におけるこれらの基準は，先述のアライアンスの動機による影響を受ける。手続きやルーティンの違いは，アライアンス遂行上の障害となるかもしれないが，自社にないノウハウや知識を獲得しようとした場合，そうした互換性の低いパートナーから得られるものの方が効果が高い場合がある。その際には，ものの見方や価値観の違いとしての組織文化はそもそも個々の企業に固有なものであるため，適合する文化をもっている企業を探すことが困難な場合がある。したがって，組織文化が異なることを前提として，そうしたパートナーといかに協働するかを考える必要がある。

　アライアンスのマネジメントの第二は，**ガバナンス形態の設計**である。

ガバナンス形態の設計とは，どのような形式でパートナー間の調整を行うかという問題である。アライアンスは，市場と組織を両極とした中間に位置するガバナンス形態であり，この中間組織には，市場に近いものから組織に近いものまでさまざまなバリエーションがある。アライアンスのガバナンス形態の設計とは，自社が参加するアライアンスの戦略的な目的や動機，資源の相互依存の程度，さらに，先述の阻害要因のそれぞれへの対処などによって，市場を通じた自律的な調整を選択するのか，組織による階層的な調整を選択するのかの程度を決定することである。たとえば，資本関係をともなう関係を構築することは，アライアンスで得た利益を出資に基づいて配分するなど，互恵関係を明確化することで，協力のインセンティブを高めることができる。また，パートナー間に信頼が構築されているようなアライアンスであれば，階層的調整でなく，より自律的な調整が可能になり，監視や適応にかかる取引コストを低減でき，積極的な協力が得られる可能性を高める。

　第三は，**アライアンス能力の構築**である。**アライアンス能力**とは，アライアンスのマネジメントに必要なノウハウである。上述のパートナー選択の基準や調整メカニズムとしてのガバナンス形態の選択・設計に関する知識に加え，そもそものアライアンスの必要性や契機を判断することや，協働の仕組みの構築，アライアンスによって獲得される知識の共有方法などが挙げられる（Gulati, 1998）。こうした能力を構築するには，アライアンスの経験を通じた学習や，組織内にアライアンスに関する専門部門を設けるなどの方法がある。アライアンス専門部門の設置には，学習によるアライアンス能力が組織的に管理されること，専門部門の存在が他の組織によって認知されることでアライアンスに対する支持を得ることができること，アライアンスに参加することの正当性を得やすくすることができ，企業内からの資源を獲得・活用しやすくなること，などのメリットがある（Kale and Singh, 2009）。

3 アライアンスがもたらす競争優位と進化

　これまでの議論では，ある企業とある企業の関係性に注目していたが，本章冒頭の自動車メーカーの資本・業務提携の図表にみられたように，実際には，複数の企業がアライアンスに参加している。アライアンスの研究は，１対１の関係（ダイアド）から複数の企業がアライアンスに参加する，**アライアンス・ネットワーク**へと展開されている（Gulati, 1998）。

　ネットワーク論に基づいたアライアンスの研究は，取引コスト理論や資源依存論のアプローチの考え方の限界を指摘する。アライアンスの形成において，誰と協力関係を築くかという選択が重要であることは先述の通りである。取引コストの低減や，経営資源の相互依存は，企業がアライアンスを形成する動機となりうるが，では，企業はどのようにして自社の取引においてコスト低減につながるパートナー企業を探し出すことができるのか，また，経営資源の相互依存関係による関係性は，どのようにしてこれまでにない新たなアライアンスの可能性を見つけ出すことができるのか。ネットワーク論に基づくアライアンス論は，パートナー企業に関する情報獲得や資源的な相互依存関係の刷新の契機が，企業が既に埋め込まれている社会的ネットワークを通じてもたらされると考える。

　ネットワークという視点からアライアンスをとらえることによって，アライアンスがもたらすいくつかの競争優位性がみえてくる。ひとつは，ネットワークを介した情報獲得の面での優位性である。社会的ネットワークを通じて，自社がこれまでにあまり触れたことのない情報の獲得の機会を得ることができる。

　ネットワーク論が示唆するアライアンスのもうひとつの競争優位性は，

構造的位置，すなわち，アライアンス・ネットワークにおける自社の位置によってもたらされる優位性である。アライアンスは外部の知識や資源を活用することで優位性を得るが，先述のように，どこにそうした知識や資源が存在するかを事前に知ることはできない。こうした情報を媒介するのが，仲介者である。社会ネットワーク論において仲介者の役割を説明する概念として，バート（Burt, R. S.）は，**構造的空隙**という概念を提示した。構造的空隙とは，2つのグループの間の情報の流れを仲介でき，また，その2つのグループをコントロールすることのできる機会である（Burt, 1992）。つまり，取引を行う2つの企業の間には，彼らの取引を仲介するという機会があり，取引をコントロールする役割を担う。そうした取引を成立させる場を提供するビジネスは，**プラットフォーム・ビジネス**とよばれている。構造的空隙というネットワーク構造上の位置が機会をもたらすように，アライアンス・ネットワークのなかでの自社の位置によって，アライアンスから得られる成果に違いが生まれる（Gulati, 1998）。

アライアンスにおける組織間学習

　アライアンスがもたらす優位性として，**組織間学習**を通じた情報や知識の獲得がある。すなわち，アライアンスの動機のひとつでもあったパートナー企業から能力や技術といった新しい知識を獲得する学習である。原材料や部品，製品・サービスの取引を目的としたアライアンスに比べ，能力や技術などの情報や知識の交換や共有は困難である。それは，こうしたものの多くが**見えざる資産**（伊丹，1984）と呼ばれるものだからである。見えざる資産は情報的経営資源とも呼ばれ，その蓄積や構築に時間がかかるもので，組織の歴史的文脈に大きく依存するものが多い。したがって，他社によって簡単に真似できるようなものではない。そうした理由から，情報的経営資源は企業の競争優位の源泉としてとらえられ

るのであるが，こうした知識や情報をパートナー企業から獲得する学習は，**組織間学習**とよばれる。

松行・松行（2002）によれば，組織間学習は，①ある組織がもつ情報・知識を通じて独自の知識を形成する組織学習，②各組織がもつ情報・知識の双方向的な交換・移転，そして③組織学習と情報・知識の交換・移転を通じた知識創造，の3つを通じたプロセスである。

学習には，第3章で触れられていたように，知識を獲得する側面と知識を活用する側面の2つがある。組織間学習によるパートナー企業から知識や情報を得られるというメリットは，獲得の側面に焦点を当てたものである。獲得された知識のなかでも，組織の管理上のノウハウやルーティンといった知識は企業にメリットをもたらす。他方で，製品やサービスに関する知識に関しては，獲得よりもむしろ，アライアンスを通じて外部にあるものにアクセスし，活用する方が効率性が高まるとされる。というのも，製品やサービスの知識が実際に競争優位に結びつくには，実際にそれらの知識が製品・サービスに反映されることが前提となる。知識獲得を求めるのであれば，アライアンスは，市場取引よりも優れてはいるものの，統合し組織化するよりも劣るからである。とくに，自社が展開する製品・サービスと，それらに必要な知識の間の不一致が大きいほど，アライアンスを通じて知識を活用するメリットは大きくなる（Grant and Baden-Fuller, 2004）。

アライアンスにおける学習には，自社の戦略や事業に必要な情報や知識の獲得，活用だけではなく，アライアンス自体に関する学習も含まれる。ハメルとドーズ（Hamel, G. and Doz, Y. L.）によれば，アライアンスが最初の目標を達成できるかどうかは，学習とマネジメントを通じた継続性にあるという。マネジメントについては前節で述べたが，アライアンスを継続させるための学習には，次の5つに関する学習がある（Hamel and Doz, 1998）。

① 提携の環境

　環境に対する考え方は各社異なる場合がある。そうした場合，提携に
よって得られるメリットへの期待も異なってくる。こうしたギャップを
埋めるためにも，環境についての考え方を学習し共有しておく必要がある。

② 提携の活動

　共同で行うべき活動を明確化して学習しておかなければならない。そ
うすることで，活動内容や計画をたて，活動を単純化することができる。

③ コラボレーションのプロセス

　共同作業の成果を高めるためには，共同作業のプロセスを学習する必
要がある。プロセスを理解することによって，共同作業を調整し，効率
化することができる。

④ パートナーのスキル

　共同する企業間でスキルの違いがある。この違いを理解していなけれ
ば共同を成功させ知識を互いに獲得することができない。そのため，パー
トナーのスキルや組織の相互関係について学習しなければならない。

⑤ パートナーシップの目標・期待

　協力関係を築くために，パートナーの行動パターンや，提携に関連す
る活動を観察し，自らの目標を明確にしていき，各企業の目標や期待を
明らかにすることで，協力関係を継続することができる。

　こうした学習によって企業間の関係は再評価され状況を改善するため
の調整が行われアライアンスは効率化し，継続を可能とする（図表5－4）。

図表5－4　学習・評価・調整のサイクル

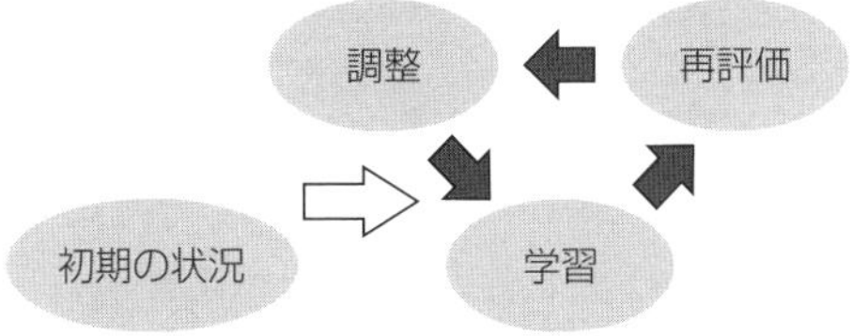

出所）Hamel and Doz（1998）邦訳：149より

アライアンスの継続はまた，パートナー間の**信頼**の構築につながる。信頼の構築は，企業間の取引において詳細な契約を不要にすることで取引コストを低減させたり，アライアンスの継続や新たな協調の機会を増やす。

　このように学習のサイクルは現状の関係性の維持にとどまらず，進化をもたらす。アライアンスの進化とは，アライアンスの当初の目的自体が新たな目的へと変化し発展を遂げることを意味している。企業のアライアンスの動機となっている取引コストの削減や資源獲得，情報知識の学習などの目的から，経験を通じて学習された調整の方法や信頼を前提として，企業間の相互作用から創発される新しい目的が，アライアンスを進化させていくのである。

オープン・イノベーション

　自社にない資源をネットワークから獲得し，組織間学習によって知識を獲得・創造するというアライアンスがもたらす競争優位は，さらに，新たなイノベーションの可能性を開く。イノベーションについては，第３章で取り上げられていたが，研究開発から新しい製品やサービスを生み出す活動がひとつの企業で完結するイノベーションを，**クローズド・イノベーション**とよぶのに対して，アライアンスや市場を通じて，外部のアイデアを取り込みながら達成されるイノベーションは**オープン・イノベーション**とよばれる（Chesbrough, 2003, 2006）。

　チェスブロウ（Chesbrough, H. W.）によれば，これまでのクローズド・イノベーションは，イノベーションに寄与する知識労働者の流動性が高まり，自社の知識が外部に流出する機会が増加したことや，多くの産業で知識レベルが高まったこと，ベンチャー・キャピタルの存在が，ベンチャー企業の研究開発投資を後押しすることで，大企業でなくともイノベーションを行う機会を増加させたことなどを理由に，クローズド・イノベーションが崩壊の危機に直面しているとしている（Chesbrough,

2003, 邦訳：7)。こうした背景が，社内のアイデアと社外のアイデアを結合させることで新たな価値を創造する，オープン・イノベーションを出現させた。

　他社の資源や知識と結合することによって，自社の資源，とくに自社では有効に活用されていなかったものであっても有効に活用する可能性をもっている。オープン・イノベーションについて，外部の資源を獲得・活用するタイプのものを，インバウンド型オープン・イノベーションという。外部の資源やアイデアを活用でき，他社の事業の資産や地位を活用することによって，新たな価値の獲得や創造を実現する戦略である。逆に，自社に閉じた（クローズ）の経営だけではなく，**オープン化**することによって，自社の資源を外部に提供・普及させることで価値を獲得・創造するタイプをアウトバウンド型のオープン・イノベーションという。自社の知識や技術などを市場に出したり，知的資本の売却や，アイデアを外部化し普及させることによる市場の拡大など，社外に自社の経営資源を出す方がメリットが多い場合，こうした戦略が採用される。

　このように，オープン・イノベーションはクローズド・イノベーションの限界を克服しうる方法である。ただし，無条件な自社の資源のオープン化が，オープン・イノベーションを促進するとは限らない（真鍋・安本，2010）。まず，産業レベルで，先述のように，企業を仲介する役割を果たすプラットフォームの存在の有無や，技術の標準化，知的財産権の確立の程度などの条件がある。これらは，自社に必要な資源や知識の探索や活用のコストを引き下げる条件である。企業のオープン化は，これらの条件を前提とした上で自社の資源や知識をどの程度の範囲でオープンにするかという意思決定と，自社がどれだけその資源や知識をコントロール（支配）できるかのバランスとして考える必要がある。

　先述のように，アライアンスが1対1の企業間関係にとどまらず，複数の企業との協働で構成されるようなネットワーク構造であることと同時に，近年では，ある企業が複数の**アライアンス・ネットワーク**に参加する事例がみられるようになっている。本章の冒頭で紹介した日本の自動車メーカーの場合，メーカー同士のアライアンスに加えて，系列にみられるような供給者とのアライアンス・ネットワークや海外メーカーとのアライアンス・ネットワークに参加するといったように，ある企業は複数のアライアンスに参加する。たとえば，資源調達のアライアンス，共同研究開発のためのアライアンス，新しい市場に参入するためのアライアンス，といったように，企業は複数のアライアンスに参加すると同時に，それぞれを適切にマネジメントする必要性が高まっている。これまでの議論は，ある特定のアライアンスをどのように形成し，マネジメントするかに焦点を当ててきたが，近年のアライアンスに関する研究では，自社が参加する複数のアライアンス・ネットワークをポートフォリオとしてみることでマネジメントする方法が示されている。**アライアンス・ポートフォリオ**とは，複数存在する自社のアライアンスのパートナーの構成をとらえる考え方である（Lavie, 2007; Ozcan and Eisenhardt, 2009; Jiang *et al.*, 2010)。

　高いパフォーマンスを生み出すポートフォリオの構成には，多様なものが存在する。高いパフォーマンスをもたらすアライアンス・ポートフォリオとして，たとえば，弱いつながりをもつパートナーと共に，強いつながりをもつパートナーとが混在するポートフォリオであることや，著名であり，資源と経験が豊富なパートナーが存在するポートフォリオ，業界をまたがる幅広い領域のネットワークの構造のなかで中心的な位置に自社が組み込まれているポートフォリオ，多種多様なパートナーによ

って構成されているポートフォリオなどが挙げられており（Ozcan and Eisenhardt, 2009），とくに最近では，パートナーの多様性に加えて，ア**ライアンスの活用の多様性やアライアンスの形態の多様性からなる，ア****ライアンス・ポートフォリオ・ダイバーシティ**に関する研究が注目されている（Jiang, *et al.*, 2010）。

　このように，どのようなアライアンス・ポートフォリオの構成もつことが自社のパフォーマンスを高めるかが議論されている一方で，こうしたポートフォリオの構成をいかにして作り上げていくかという議論もある。上述のポートフォリオの構成にしたがってパートナーを選択することも可能かもしれないが，アライアンスはそれが継続するにつれ変化する。そのことを踏まえるならば，高いパフォーマンスを実現するためのポートフォリオの構成を作り上げるには，新たな業界を創り出すような独自のポートフォリオ設計を行うことや，既存の企業間関係を超えて，つながりのなかった企業との関係を新たに作り出していくなど，ダイナミズムを前提としたアライアンス戦略が重要となる（Ozcan and Eisenhardt, 2009）。

　さらに，アライアンス・ポートフォリオをマネジメントする能力は，先に述べた単一のアライアンスをマネジメントする能力に比べて，より複雑なものとなる（Kale and Singh, 2009）。まず，そもそもポートフォリオを構築するための能力が必要となる。パートナー選択の基準は，単一の目的や動機に基づくものではなく，複数の目的に対してそれぞれのパートナーを選択する必要がある。さらに，ポートフォリオ内の複数のパートナー間の信頼の構築，ポートフォリオ内のアライアンスの間で生じる問題の解決，アライアンスごとに異なるオペレーションを調整するスキルとそれを共有する能力，複数のアライアンスにおける取引のコストと利益を監視するスキルなどが考えられている。

　環境の変化のスピードが増し，複雑化していくなかで，アライアンス

による適応という手段を多くの企業が採用するようになってきている。ただし，アライアンス・ポートフォリオの議論が示唆するように，アライアンス自体もまた複雑化してきている。アライアンスのパートナー選択では暗黙的に企業が対象となっていたが，公的組織や非営利組織，さらには一個人との協働という多様化も進んでいる（Kale and Singh, 2009）。こうした複雑化・多様化に対する適応がアライアンスの今後の課題である。

《参 考 文 献》

Barney, J. B.（2001）*Gaining and Sustaining Competitive Advantage 2nd edition*, Prentice Hall.（岡田正大訳〔2003〕『企業戦略論（下）全社戦略編—競争優位の構築と持続』ダイヤモンド社）

Burt, R. S.（1992）*Structural Holes: The Social Structure of Competition*, Harvard University Press.（安田雪訳〔2006〕『競争の社会的構造—構造的空隙の理論』新曜社）

Chesbrough, H. W.（2003）*Open Innovation: The New Imperative For Creating and Profiting From Technology*, Harvard Business School Press.（大前恵一朗訳〔2004〕『Open Innovation—ハーバード流イノベーション戦略のすべて』産業能率大学出版部）

Chesbrough, H. W.（2006）*Open Business Models: How to Thrive in the New Innovation Landscape*, Harvard Business Review Press.（栗原潔訳〔2007〕『オープンビジネスモデル—知財競争時代のイノベーション』翔泳社）

Coase, R. H.（1937）"The Nature of the Firm," *Economica*, New Series, 4(14)：386-405.

Grant, R. M. and Baden-Fuller, C.（2004）"A Knowledge Accessing Theory of Strategic Alliances," *Journal of Management Studies*, 41(1)：61-84.

Gulati, R.（1998）"Alliances and Networks," *Strategic Management Journal*, 19(4)：293-317.

Hamel, G. and Doz, Y. L.（1998）*Alliance Advantage: The Art of Creating Value through Partnering*, Harvard Business School Press.（志太勤一・柳孝一監訳〔2001〕『競争優位のアライアンス戦略—スピードと価値創造

のパートナーシップ』ダイヤモンド社）

Jiang, R. J., Tao, Q T. and Santoro, M. D. (2010) "Alliance Portfolio Diversity and Firm Performance," *Strategic Management Journal*, 31(10)：1136-1144.

Kale, P. and Singh, H. (2009) "Managing Strategic Alliances: What Do We Know Now, and Where Do We Go from Here?," *Academy of Management Perspectives*, 23(3)：45-62.

Lavie, D. (2007) "Alliance Portfolios and Firm Performance: A Study of Value Creation and Appropriation in the U.S. Software Industry," *Strategic Management Journal*, 28(12)：1187-1212.

Ozcan, P. and Eisenhardt, K. M. (2009) "Origin of Alliance Portfolios: Entrepreneurs, Network Strategies, and Firm Performance," *Academy of Management Journal*, 52(2)：246-279.

Williamson, O. E. (1975) *Markets and Hierarchies: Analysis and Antitrust Implications*, The Free Press. （浅沼萬里・岩崎晃訳〔1980〕『市場と企業組織』日本評論社）

Williamson, O. E. (1991) "Comparative Economics Organization: The Analysis of Discrete Structural Alternatives," *Administrative Science Quarterly*, 36(2)：269-296.

伊丹敬之（1984）『新・経営戦略の論理』日本経済新聞社

入山章栄（2019）『世界標準の経営理論』ダイヤモンド社

今井賢一・伊丹敬之・小池和男（1982）『内部組織の経済学』東洋経済新報社

松行康夫・松行彬子（2002）『組織間学習論―知識創発のマネジメント』白桃書房

真鍋誠司・安本雅典（2010）「オープン・イノベーションの諸相―文献サーベイ」『研究技術計画』25(1)：8-35

山倉健嗣（1993）『組織間関係―企業間ネットワークの改革に向けて』有斐閣

～《いっそう学習（や研究）をすすめるために》～～～～～～～

小橋勉『組織の環境と組織間関係』白桃書房，2018年

　アライアンスは広義にとらえれば組織間関係である。本章では取引コスト理論を主に取り上げたが，資源依存論もまた組織間関係をとらえる上で欠かせない理論的枠組みのひとつである。本書は主に資源依存論の

視点から組織間関係をとらえた研究書であり，アライアンスの理解を深めるのに役立つ。

下野由貴『サプライチェーンのシェアリングモデル—トヨタグループにおける付加価値の創造と分配』中央経済社，2020年

　　原材料や部品の供給者から最終消費者に至るまでのモノの流れや関係のマネジメントを指すサプライチェーンもまた，アライアンスに深く関わる議論である。本書では，取引コスト理論ではとらえきれない側面を日本の自動車産業のサプライチェーンの分析から導き出し，リスクを最小化し利益を最大化するシェアリング・モデルを提示している。

《レビュー・アンド・トライ・クエスチョンズ》
① 　アライアンスによって生み出された製品やサービスなどを取り上げ，説明してください。
② 　ある企業が参加するアライアンス・ネットワークの事例を調べ，その企業にどういったメリットがあるのか，説明してください。

第  章

グローバル戦略

本章のねらい

　企業にとってグローバル化は，市場の拡大や資源の獲得など大きな機会を提供してくれる一方で，不慣れな海外での政策，文化，言語への対応という問題も突きつける。海外で生じるさまざまな不利益を克服するために，海外に進出する企業は，国内での事業展開を通じて蓄積した強みをベースに，その強みを生かす市場参入とグローバル戦略で競争優位性を構築しようとする。

　本章では，まずなぜ企業は海外市場に参入するのか。参入した後に，どのようなグローバル戦略で競争優位性を構築するのかということを，既存の理論と事例を多用しながら議論していく。さらに近年のグローバル戦略に関する企業動向や研究動向として，メタナショナル経営とボーングローバル企業にも着目していく。

1 企業活動のグローバル化と市場参入戦略

国による違いが提起する問題

　グローバル経営の本質は**多様性**の増大にある。ヒト，モノ，カネ，情報の経営資源と競争・市場環境の多様性が増すことになり，企業にとってはマネジメント上の複雑性が高まることになる。たとえば，製造コストの削減を目的に，東南アジアなどの低賃金国に海外の工場を建設すれば，確かに日本よりも製品を低コストで製造することは可能になるが，その一方で，宗教などを異にする多様な民族をマネージするという課題にも直面する。さらに，現地での競争の対応や市場環境にも不慣れなこともあり，それらの適応にもコストがかかることになる。

　このようなさまざまな課題をもたらす一方で，グローバル経営の多様性は，**イノベーション**の源泉でもある。本社とは異なる競争・市場環境にいる海外子会社は，現地の競争・市場環境の適応を通じて本社とは異なるコンピタンスを構築する。時には，本社の能力を凌ぐ海外子会社も出てくる。このような多様な海外子会社の能力をリンクすることで新たなイノベーションが生まれることになる。グローバル企業は，国内で事業展開をとどめている企業よりも，圧倒的にイノベーション機会を多く有している。今日では，グローバル化は企業の長期存続を実現する上での有効な戦略ツールになってきている。

　実際，グローバル化は各産業で加速度的に進んでいる。グローバル化が進んだ要因としては，情報技術の発達による運輸・通信コストおよび貿易・投資障壁の低下，さらには市場の同質化などが挙げられる。しかも，情報システムや物流システムの高度化によって，世界のあらゆる場所から財やサービスを調達しやすくなった。その結果として，先進国の

グローバル企業だけではなく，新興国からも新たなグローバル企業が急成長している。しかも，グローバル化イコール大資本という構図がなりたたなくなり，企業規模が小さな中小・ベンチャー企業でも，外部企業の製造能力や人材ネットワークを活用すれば，短期間でグローバルに事業展開することが可能になってきている。

　しかし，グローバル化が進む一方，依然として各国や地域に違いが存在するのも明らかである。たとえば，海外進出する場合，欧州企業の事例から明らかであるが，まずは近隣諸国から進出しているケースが多い。文化的差異が小さければ，国内で培った強みを大きく変更することなく，進出国に移転することができるからである。このような文化（culture）の違いだけではなく，世界の国や地域の間では政治（administration），地理（geography），経済（economy）の要素は大きな隔たりを生む要因として，依然として存在する。ゲマワット（Ghemawat, 2007）は，この4つの要因の頭文字をとって**CAGE フレームワーク**と呼んでいる。

　このような差異が生み出すリスクがあるにもかかわらず，企業が海外に進出するのは，国内で事業展開をとどめているよりも，はるかに多くの成長機会を得られるからにほかならない。海外での市場拡大はもちろんのこと，国内では得られない新たな人材，技術など有形，無形の資源を獲得することが可能になる。

　それでは，なぜ，どのようにして企業は海外市場に参入していくのかを次節からみていくことにしよう。

海外進出の理論と異質性の負債

　海外市場に魅力があるからとはいえ，企業はすぐに海外に開発，生産，販売の機能を移転し，自ら所有するという海外直接投資を行うわけではない。海外市場は大きなビジネスチャンスをもたらすと同時にリスクをもたらすからである。実際に，今日のような情報通信技術などが発達す

るまでは，大企業と言えども海外に進出する場合には，それ相当な時間を要していた。たとえば，ジョンソン・エンド・ジョンソンは，最初の海外子会社を設立するのに33年を，ギャップは海外初の店舗を開設するのに18年を要している。ソニーも，最初の製品を米国に輸出するのに11年を要した。

　一般的に，企業は海外進出に伴うリスクの分散と事業展開を通じて蓄積される知識，つまり，学習を重視しているため段階的に海外展開のレベルを上げていくことになる。この**段階モデル**（ウプサラモデル）に従えば，企業の海外活動は，輸出活動に始まり，代理店，販売子会社の設立と進み，最終的に生産設備を建設する海外直接投資へと向かうことになる。換言するならば，進出した現地市場の状況を学習するにつれて，より多くの資源を投入していき，最終的に海外直接投資につながるというロジックである。

　企業の海外直接投資を説明するもうひとつの著名な理論としては，ダニング（Dunning, 1988）の**OLI理論**（折衷理論）がある。OLI理論のOとは，Ownership specific advantage の略で「所有の優位または**企業特殊的優位性**」と言われ，企業が内部に保持する知識，技術，能力，関係性，物理的資産などによってもたらされる競争優位性である。Lは Location specific advantage の略で「**立地の優位性**」と言われ，参入する国が保持している相対的な優位性であり，その国の天然資源，労働，土地，市場規模を示している。Ⅰは Internalization incentive advantage の略で「**内部化の優位性**」と言われ，海外の生産設備，販売物流網などを自社の組織内部に取り込むことによって生まれる優位性である。内部化を推し進めるかどうかは，**取引コスト**によって決まってくる。取引コストとは，市場において取引を成立させる場合に，その取引に盛り込まれている契約を，相手方に履行させる際に発生する費用である。

　具体的には，取引相手の探索や情報収集，また，契約内容の交渉や締

結，そして契約開始後の監視や強制にかかるコストである。たとえば，海外に初めて輸出をする場合，多くの企業は外部の代理店を活用して市場に参入する。その場合，代理店が契約で交わされている条項どおりに活動するとは限らない。多様な製品を扱う代理店であれば，競合他社の関係もあり，自社製品を条項で決められている価格よりも，より安く市場に流すというチーティングが行われる場合も考えられる。そのような場合，企業は外部の代理店と市場を通じて取引するよりも，相手が行っている機能を自社の内部に取り込んで行う方が取引的には効率的になる。

　ダニングはこの３つの条件，つまり，所有の優位性，立地の優位性，内部化の優位性の３つの条件がそろった時に，企業は海外に直接投資を行うことになるという。それでは，なぜこれら３つの条件が必要なのか。そもそも，海外市場への参入を目指す企業は，当初，進出した国の現地企業よりも不利な立場に置かれる。これは「**異質性の負債**（liability of foreignness）」と呼ばれており，グローバル企業の参入国での事業展開においての追加コストであり，競争劣位につながる要因となる。異質性の負債は，次のような４つの要因があると指摘されている（Zaheer, 1995）。

① 　地理的な距離に直接関係するコスト（例：旅費，輸送費，通信費）
② 　現地の環境に不慣れなことによるコスト（例：市場調査費，運営の非効率）
③ 　現地の環境特性により生じるコスト（例：外国企業への警戒，市場の閉鎖性）
④ 　母国の環境特性により生じるコスト（例：ハイテク製品の特定国への輸出規制，貿易摩擦）

　したがって，企業は国境を超えるにあたり，このような異質性の負債からもたらされる不利益を被るため，少なくとも進出国の現地企業を上

回る企業特殊的優位性を有していなければならない。外国企業が何らかの優位性をもたないのであれば，異質性の負債という壁を乗り越えることができないだけではなく，その市場で生き残ることも困難になる。

　もちろん異質性の負債があるため，必ずしも海外で販売拠点や工場を建設する必要はなく，輸出を通じて海外市場を開拓することができる。つまり，企業に特殊的優位性があったとしても，それだけで外国に経営資源を移転し，事業活動を行うわけではない。海外に拠点を設けるには，企業特殊的優位性の他に外国で事業活動を行うことによる，折衷理論で指摘されているような立地や内部化の優位性がなければならない。

　たとえば，トヨタは輸出で世界一になってからも，海外生産にはなかなか踏み切れなかったのは，国内に生産体制を置き，グローバルに輸出していた方が効率的だったからである。というのも，国内と同じような効率的な生産システムを海外で構築するには，部品メーカーの育成など膨大な時間と投資が必要になるからである。しかし，日米貿易摩擦に端を発する対米輸出自主規制と円高などの進行により，日本よりも米国で生産した方が有利と判断し，GEとの合弁を形成し，1980年代に現地生産に乗り出すこととなった。今度は，立地の優位性と内部化の優位性に目処が立ったことが，トヨタの現地生産を推し進める要因ともなった。

既存モデルの限界と海外進出の狙い

　今日のようにグローバル化が進んでくると，必ずしも折衷理論や**段階モデル**によって，すべての海外進出企業の戦略行動を説明することはできない。とくに，国内の市場規模が小さい国の企業は，国内で競争優位性を構築してから海外に進出するというのではなく，最初から世界市場をターゲットにした**ビジネスモデル**を構築して海外に進出するため，必ずしも段階的な海外進出のモデルに従うわけではない。ビジネス機会があれば，海外直接投資で海外市場の開拓に取り組むことになる。

164

また，今日のように，より多くの国の多数の企業が連携して製品を作り上げる時代では，ひとつの国で優位性が完結しない時代になっている。そのため，自国での所有や立地の優位性がなかったとしても，世界中の知識と資源を活用すれば海外に進出し，事業を展開することは可能である。そもそも資源を内部化しなくても，必要な時に外部企業との戦略的提携を通じて資源を取り込み，海外戦略を展開することができる。

　たとえば，養殖事業と言えば海に面している国の企業が圧倒的な競争優位性を今までは握ってきた。実際，ノルウェーなどでは，フィヨルドという養殖事業に適した立地的優位性を有効に活用し，水揚げした生のサーモンをそのまま海外に空輸するという技術を用いることで，グローバルレベルで競争優位性を構築している企業がある。しかし，昨今は技術革新もあり陸上での養殖事業が可能になっている。そのため，海に隣接するという立地優位性がなくても，陸上養殖に必要な技術を外部企業との連携を通じて獲得し，陸で養殖した魚を既存のグローバルに整備にされた物流体制に乗せれば，海の養殖事業よりも素早く，低コストで養殖魚を海外の国に届けることが可能になっている。

　現実のビジネス環境の変化によって，既存のモデルの説明力が以前よりも落ちてきているとはいえ，企業が海外進出する狙いには，今日でもさほど大きな違いはない。企業にとって好ましい立地とは，単に市場や資源が進出国に存在するだけではなく，自社の基本的な戦略に適合するかどうか，また，実際にその国に参入して，現地の資源を活用できるかどうかに依存してくる。

　一般的にはグローバル企業の海外進出行動のタイプには，目的に応じて4つのタイプに分類することができる（Dunning and Lundan, 2008）。第一のタイプは，国内では手に入りにくい有形無形の資源を海外で獲得するための戦略的資源探索型。第二のタイプは，企業が有する製造，調達，物流などの各機能などを最適な国に配置することで，効率的に製品

の生産と供給を実現する効率性探索型。第三のタイプは，巨大な市場規模をもつ国で，新事業や新市場の可能性を手に入れる市場探索型。第四のタイプは，天然資源に恵まれた国の資源を確保することで，安定的な生産体制の構築を目指す天然資源探索型である。

　最終的に海外進出の狙いは，今まで述べた４つの内的要因の他にも，マクロ的な外的要因である経済的，政治的，制度的要因などを考慮して多角的な視点から決定されることになる。

海外進出の参入方式

　前項では，企業が海外に進出する理由を説明してきた。しかし，海外に直接投資をして工場を建設するという戦略行動は，当然，リスクが高くなる。大企業とはいえ，海外進出に失敗すれば大きな損失を生み出すことになる。前述した異質性の負債も，グローバル化の進展によって，かなり低下してきたが，海外進出を狙う企業には，たとえこの４つのコストが最小化されたとしても「**外部者性による負債**（Liability of outsidership）」が残るため，外国企業は進出先の現地市場において事業展開する上で困難に直面する。

　グローバル企業が直面する負債が，地域特性に関連する前述した４つのコストよりも，他者との関係の特殊性（Relationship-specificity）や，社会的つながりのネットワークの特殊性（Network-specificity）に関連するコストに変質しつつあるという（Johanson and Vahlne, 2009）。たとえば，海外では製品のコストと品質が良ければ，すぐに取引が開始されるわけではない。進出した企業が，自国や海外でどの程度の知名度があるかによって取引の開始時期は影響されてくる。つまり，外国企業は現地の人脈や企業とのネットワークがないことなどから，現地社会で信頼を得るためには，ある程度の時間を要することになり，海外での事業構築においてより重い負債となる。そのため，海外進出する場合は，現地の競争・

市場を学習しながら，さまざまな参入方式を選択することになる。

　市場参入の方法は，大きく出資型と非出資型に分類することが可能であるが，一般的にはリスクの高い出資型から参入するわけではなく，非出資型から出資型へと参入方法を切り替えていくことになる。個々の参入方法のメリットとデメリットは，紙幅の関係ですべてを論じることができないので図表6－1に記載し，ここでは簡単に各参入方法の概略を説明していくことにする。

　海外へ初めて市場参入する場合に，多くの企業がリスクが低い輸出方法を選択する。その輸出には，2つの選択方法がある。自社内に輸出する部門をつくり，自社製品を自ら輸出する直接輸出という方法と，輸出代行業者などの仲介企業を経由して海外市場で販売を行う間接輸出という方法である。

　輸出の他にも，リスクの低い参入方法としては，ライセンシングとフランチャイズの方法がある。この2つの方法は，自社の無形資産，つまり，自社の製品やサービスの独占的な販売，特許やデザイン，商標や技術などを，契約に基づき他の企業に貸与し，ロイヤリティーを得ることで参入する方法である。この2つの方法以外にも，リスクの低い参入方法としては委託生産とターンキー契約がある。前者は文字通り現地企業に，製品の一部あるいは全体の生産を委託する方法である。後者は，設計から建設，試運転に至るまで，すべての業務を一括して企業が請け負いプラントを建設し，試運転後にプラントの契約者に引き渡される形の契約である。契約を依頼した所有者が鍵（キー）を回せば（ターン）すべての設備が稼働するので，この名称がつけられている。

　出資型の海外直接投資にもいくつかの方法がある。第一の方法は，海外での事業展開を100％自社所有で行う方法である。多くの企業は，最終的には海外事業のコントロールがきく完全所有方法を指向するが，このタイプには，新規開拓（グリーフィールド投資）と，買収（M&A）と

図表6－1　参入方法の利点と欠点

参入方法	利　点	欠　点
非出資型		
間接輸出	・短期間での市場参入が可能 ・国際貿易の手続きを代行してもらうため，国際化のための人材が必要ない ・資金投入もリスクも限定的	・海外での販売方法や販売先をコントロールできない ・海外市場との接触の欠如
直接輸出	・間接輸出に比べ，海外業務へのより大きなコントロール ・直接的に海外市場にアプローチできる	・国際化のための人材が必要 ・より多くの経営資源の投入が必要 ・海外市場での業務などに自ら取り組む必要がある。
ライセンシングとフランチャイズ	・経営資源の投入が限定的 ・短期間での参入が可能	・海外直接投資の参入方法に比べ，収益が限定的 ・パートナーの熱意や経営力に左右される ・潜在的なライバルを育てる危険性 ・コントロールの難しさ
委託生産	・設備投資，管理負担の軽減	・将来のライバルを育ててしまう危険性 ・業務のコントロール，品質管理，品質維持の難しさ
ターンキー契約	・海外で直接投資が制限されている国で有効 ・海外での投資リスクの低減	・競争企業を生み出すリスク ・現地国で長期的な利益を得られない
出資型		
完全所有会社新規開拓	・高い事業コントロール ・利益を完全占有できる ・進出先の国や地域へのコミットメントを示すことができる ・パートナーに左右されることがない	・多くの経営資源の投入 ・コスト負担 ・財務上の高いリスク ・進出先との政治上・文化上の差異
買収戦略	・迅速な新規事業分野への参入 ・スピーディな現地企業の資源獲得 ・シナジー効果の獲得	・組織文化の融合の難しさ ・現地国からの政治的・心理的反発
合弁事業	・完全所有に比べ，必要となる経営資源が少ない ・パートナーの経営資源を利用できる ・リスク共有 ・現地知識・情報の獲得 ・現地企業や政府との関係作りがし易くなる	・事業の完全なコントロールができない ・パートナーとの対立，意見相違のリスク ・時間の経過とともに，パートナー間の合弁目的にずれが生じてくる

出所)『1からのグローバル・マーケティング』p.111の図表に加筆・修正して作成

いう２つの方法がある。しかし，一からすべての業務を，現地で立ち上げる新規開拓では，昨今の競争・市場環境が短期間で変化する時代には，時間とコストもかかることから，スピーディな市場参入が可能となる買収戦略を選択する企業も少なくない。

　合弁とは，海外での事業展開を，パートナーとの共同出資で新しい企業を設立して参入する方法である。パートナー企業としては，進出先の現地国企業や本国や第三国の企業の場合もある。また，パートナーの数は，２社だけではなく，数社での合弁企業を形成する場合も多い。この方法は，資金や人材だけではなく，技術やノウハウなどの無形資源を共有することで新規市場の開拓を目指す合理的な経営戦略のひとつではあるが，複数企業でひとつの会社を管理する難しさもあり，海外参入時の一時的な方法としてみられることも多い。もちろん，合弁でも長期に渡って存続する合弁企業があるのも事実である。

　ただし海外市場参入の形態は，経済状況，競争・市場環境，現地国の制度環境などの変化に合わせて再構築していかなくてはならない。たとえば，当初は完全所有の方式で現地市場に参入が許されていたとしても，突然，現地国の政府が完全所有を禁じた場合には，非出資型のライセンシングなどの方法に切り替える必要が出てくる。参入方法は静的なものではなく，動的なものとしてとらえ，環境変化に合わせて柔軟に変えていくことが必要とされる。

2　海外子会社能力の活用

現地適応とグローバル統合

　企業が多様な参入方式を活用することで，海外での事業展開を高めて
くれば，その事業をどうマネージするかという問題が出てくる。とくに，
本社とは異なる競争・市場環境で事業展開する海外子会社を多数抱える
ことになるグローバル企業は，常にマネジメント上の課題に直面するこ
とになる。とくに**海外子会社**をどのようにコントロールするかという分
権と集権の問題がある。換言するならば，現地適応とグローバル統合の
問題である。

　現地適応は，現地国政府の要請，規制，現地市場のニーズといった
諸々の現地特有の環境に対応することを重視する。それに対して，グロー
バル統合は，オペレーションをグローバル規模で標準化することにより，
規模の経済性を追求する。この現地適応とグローバル統合という２つの
次元をベースに，バートレット・ゴーシャル（Bartlett and Ghoshal, 1989）

図表６－２　IR 上の企業類型

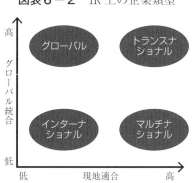

出所）Bartlett and Ghoshal（1989）

170

らは，企業の類型化を行っている（図表6－2）。

　グローバル統合もローカル適応も低いのが，インターナショナル企業である。この企業は本社のもつ高度な資源や能力をベースに海外戦略を展開する。つまり，本社のもつ知識を各国に移転することで競争優位性を構築していく。かつて多くの産業分野で，アメリカ企業が世界をリードしてきた時に，本社のミニレプリカを世界中に創り出そうとした時にとった戦略である。

　グローバル統合が高く，ローカル適合が低いのがグローバル企業である。この企業は，資源や能力は本国に集中させ，その成果は世界規模で活用する戦略を展開する。効率性を主軸とした戦略であり，かつて日本企業が，もっとも効率的に生産できる本国に製造開発拠点を構え，世界中に製品を輸出していた戦略である。

　グローバル統合が低く，ローカル適応が高いのがマルチナショナル企業である。この企業は，現地特有のニーズにきめ細かく適応する戦略を展開する。つまり，適応性に優れた戦略である。欧州企業にこのタイプの戦略をとる企業が多いのは，大量生産・大量販売の技術が確立していない時にグローバル化を進めたため，進出した国で自己完結する戦略を展開しなくてはならなかったからである。

　グローバル統合もローカル適応も高いのが**トランスナショナル企業**である。しかし，統合と適応を同時に実現することは簡単なことではない。複数の戦略の目的を実現するには，既存の階層型の組織では限界が生じてくるため，ネットワーク組織への移行が急務となってくる。

　もともとグローバル企業のコンピタンスは，単一の親会社だけで形成されるわけではない。なぜなら，グローバル企業は供給者や顧客などの外部企業のネットワークと同時に，多様な地域に展開している多数の子会社群のネットワークをもっているからである。このような多国籍企業のネットワークをベースとした組織能力を解明しようとしたのが，**トラ**

ンスナショナル戦略である。

このネットワーク組織をベースとしたトランスナショナル戦略は，統合と適応だけではなく複数の目的を同時に実現することを狙いとしている。複数の戦略目的とは，欧米日のグローバル企業がもつ戦略的優位性を同時に実現するというものである。つまり，欧州企業の適応性に，米企業の知識の移転，そして日本企業の効率性に優れたグローバル戦略を，すべてひとつの戦略モデルに取り込むという，まさに理想系の戦略でもある。今までは，この欧米日の戦略モデルのもつ優位性のひとつに特化することで，競争力を創り出すことが可能であった。しかし，今日では，この３つのグローバル戦略のもつ優位性，すなわち，適応性，知識移転，効率性を同時極大化しなくてはならないとしている。ただし，この３つの優位性の間には，一方を達成すれば，他方が達成できないというトレードオフが存在する。このトレードオフを解決する組織的方法として，統合ネットワーク組織が提唱されている。

統合ネットワーク組織の特徴は，ネットワーク内における経営資源・能力の分布状況にある。トランスナショナル戦略は，今までのように，常にネットワークの中心に本社がいるという発想ではない。つまり，マルチセンター化の発想に根付いているとも言える。そのため，世界にある各国子会社は，特有の経営資源，能力をベースに，それぞれの専門的立場からグローバルオペレーションに対して，独自の差別化された貢献をしていくことになる。

子会社分類から子会社進化へ

もともと海外子会社は，親会社とは異なる競争・市場環境のもとで，長期的には独自の能力を構築していくことになる。たとえば，バートレットとゴシャールは現地環境の戦略的重要性と子会社のもつ資源と能力という軸から，子会社を４つのタイプに分類している（図表６－３）。

戦略リーダーとは，戦略的に重要な立地で事業を行い，かつ現地子会社の資源や能力が高い海外子会社である。貢献者とは，戦略的にはさほど重要ではない市場に進出しているが，それ自体が高い資源と能力をもっている海外子会社である。実行者とは，戦略的にさほど重要でないマーケットに進出し，現地での事業を維持するのに足りるだけの能力のみを備えている海外子会社である。ブラックホールとは，戦略的にきわめて重要な場所に進出したが，その重要な市場を開拓できるだけの能力を有していない海外子会社である。

　実際，現実のビジネスでは，地域や資本関係，コア事業との距離などをベースに海外子会社を分類している企業もある。こうした海外子会社の分類は，海外子会社のもっている資源や能力を一時点でとらえているにすぎない。しかし，海外子会社は現地の競争・市場環境，さらには制度などのマクロ環境への適応を通じて組織能力を確実に進化させていくことになる。

　たとえば，最初に販売の役割しかなかった海外子会社も時間の経過とともに，事業展開する現地環境の戦略的重要性が高まれば，製造やマーケティング機能を付加し，やがて研究開発などのフル機能を備えた戦略リーダーになりうる。そして，やがてグローバル企業というネットワークの中でその位置づけを高め，親会社と同等の機能をもつようになる。

　たとえば，住友スリーエム（現，スリーエム ジャパン，以下，住ス）は，

図表6－3　海外子会社の役割

現地環境の戦略的重要性	ブラックホール	戦略リーダー
	実行者	貢献者

現地組織能力のレベル（低←→高）

出所）Bartlett and Ghoshal（1989：106）

米国３Ｍ社の日本子会社であり，３Ｍの40の事業部門のうち25の部門が活動している。今やその存在感は３Ｍグループの中でも群を抜いており，売上高も海外子会社の中でトップである。当初，住スの使命は３Ｍの商品をいかに日本向けに改良するかであった。たとえば，デコラティブ・フィルムなど，本社が開発した製品で日本市場に受け入れられない場合は，製品を変更し，日本仕様にしてから市場に導入していた。

　また，本社が開発し市場化に失敗した製品を，うまく他の分野に応用することで成功したケースもある。ポーラスフィルムがその例である。このフィルムは，通気性のある薄い素材で，この素材をベースに外科の手術着を開発したが，米国では開発に時間がかかりすぎ，結局，価格が高くなり売れなかった。住スはそれを農家の作業着に応用した。農家の人が農薬をシャットアウトでき，しかも快適に動ける作業着を求めていたからであった。また，このポーラスフィルムの作業着には汗のシミが付着しやすいという欠点があったが，その欠点をうまく利用して，鼻の皮脂取り化粧品フィルムとして開発した。この皮脂取りフィルムは，鼻の汗を取るという習慣がなかった東アジア地域にも受け入れられ，市場シェアを拡大していった。

親会社の役割変化

　グローバルレベルで知識を創造し活用するためには，海外子会社の能力を取り込むだけではなく，親会社の役割も見直さなければならない。そのカギは，本社による集権と分権の微妙なバランスにある。案件によっては，集権的な管理を強め，積極的に海外子会社のマネジメントに介入していく。逆に，案件によっては大幅に海外子会社に権限を与えて自由にやらせる。しかし，大幅に分権化しても，海外子会社の行動は，企業全体の戦略と適応していなければならない。

　世界中から知識を獲得して，**顧客価値創造**につなげるという場合，新

規の知識獲得については現地の自律性が必要ではあるが，それを移転・活用する段階になると，現地拠点は本社と密な連携が要求される。ここでも，その時々の状況に応じた自律性と統制の最適なバランスを保つ必要がある。それでは，自律性と統制の最適なバランスを取るための本社の役割はどのようなものになるだろうか。

まずは海外子会社に過剰な期待をしないことである。本社はある地域で成功した手法をすぐに他の地域で活用しようとする。つまり，**シナジーバイアス**である。たとえば，ある日本の飲料メーカーは，米国のラテン系の人たち向けに作成した広告が大ヒットしたことに気を良くした本社は，その広告を欧州のラテン系の人たちへの広告にも活用できると考え，同じ広告の内容を欧州に流すことになった。しかし，結果は散々なものであった。同じラテン系の人といえども，欧州と米国では文化や育った環境が異なっていたため，同じ広告でも受け止め方が異なっていたからである。

この例のように本社は，共通性のものがあるとすぐにシナジーを探求する傾向があるが，多少の共通性の程度では**シナジー**を創り出すことはできない。本社は関与しない方がよい海外子会社の事業に対しても，「収益性が高いから」とか，「シナジーの可能性が高いから」という理由で，関与することが多い。しかし，それが逆に海外子会社の事業の成長性をとめることも多い。にもかかわらず，多くの企業がグローバルレベルでシナジー追求にこだわる傾向がある。

それでは，本社はどのようにグローバルグループとして価値を向上させることができるのであろうか。確かなことは，今までのように海外子会社をただ単に管理，モニターするだけではグローバルレベルでグループ全体の価値を向上させることはできない，ということである。そのため，海外子会社のもつ事業特性に適合したマネジメントが求められることになる。

たとえば，本社の**コア事業**に連動しているような海外子会社は，徹底的に支援するし，また，逆に本社が支援するような知識を持ち合わせていない海外子会社に対しては，大きな権限を与えて自由にやらせたり，場合によっては他の企業への売却を考えたりするということも必要である。

　このような海外子会社に対してメリハリをつけたマネジメントを実行するには，まずは，グループ全体で共有化できるような稀少な経営資源を見出すことが必要である。経営資源の共有化というと，設備や情報システムなどの有形資源をすぐに思いつくが，ここで述べている経営資源というのは，**有形資源**だけではなく，技術，ブランド，マネジメント・ノウハウなどの**無形資源**も含んでいる。もちろん無形資源としては，グループ企業を束ね，コントロールできる要因と言われるビジョンや経営理念の存在がある。しかし，グローバルレベルでグループ企業を束ねるには，ビジョンや理念だけで海外子会社をコントロールすることは難しい。ましてや，最近のように，買収や合弁などを通じて，企業文化などが異なる企業をグループに抱えることになると，単にビジョンや理念だけでコントロールすることは困難になる。

　たとえば，80年代に買収を通じて企業規模を拡大してきたネスレは，理念やビジョンをグループとして非常に重視しているが，それと同時に，本社が戦略的に管理するブランドによっても海外子会社をマネジメントしている。また，スリーエムは多種多様な製品群を抱える企業体だが，その基礎には粘着技術を徹底的に追求する研究開発部門の存在がある。これをグループ内で抱えることで，経営資源を安定的にグループ企業に供給し，**グループシナジー**を生み出している。

ペアレンティングによるグローバル企業のマネジメント

　このように企業全体で活用できる共通の資源を見つけることで，本社は海外子会社にどのような支援を提供するかが明確になり，全体として

のシナジーを追求することができる。また，このような共通の資源を見出すことで，逆に，本社が支援できない事業をもつ海外子会社も識別できる。つまり，本社の支援を提供することが必要ないだけではなく，むしろ他の企業にその子会社が担当している事業を売った方が，逆に価値が高まる場合のケースも見出すことが可能となる。

　たとえば，武田薬品工業（以下，武田）は医薬の中核事業と非中核事業を明確に区別し，非中核分野については，自社で展開するよりも，外部企業と提携することでより一層伸びる可能性があると判断した事業については，その事業を将来的にパートナー企業に譲渡することを視野に入れて提携を行っていた。実際，業務用のビタミン事業の分野で，武田は，ドイツのBASF社と将来的には事業売却を前提にした合弁を設立した。武田で事業を継続するよりも，むしろ他の企業に売却することで，より一層の価値が高まると本社が考えたからであった。

　武田の事例のように，他社に売却することによって事業価値が高まるのであれば，その事業を売却するという方法は，**ペアレンティング**と言われている（中島他，2002）。

　このペアレンティングという新しい手法を活用するためには，親会社は各海外子会社の事業の成功要因は何かということを明確に把握することが必要である。今までのように親会社だから海外子会社の事業に介入するのではなく，海外子会社の行う事業の競争環境やライフステージによっては，本社が資源や支援を提供しても，付加価値を創造できない事業も出てくる。

　事実，グローバル企業のネットワークの中で，高い競争力を独自に身につけた戦略リーダー的な海外子会社の場合は，親会社が付加価値を提供するのは難しくなってくるだけではなく，本社からの指示はむしろ事業の自由な成長を阻害するものになりかねない。つまり，確実に事業の価値を高めることができるスキルをもっている場合のみ介入するという

ペアレンティングの考え方が，今後の親会社の役割として重要なポイントになってくる。

3 メタナショナル経営とボーングローバル企業

世界中の資源を活用する

　本社の役割変更などの新しいマネジメント手法が要求されるのも，グローバルな競争優位性を構築する環境が変化してきたからである。実際，今日のような競争・市場環境がダイナミックに変化する環境では，グローバルに張り巡らしたネットワークを巧みに活用することで，自国の優位性のみに立脚した戦略から脱却し，国内外から積極的に重要な戦略的な資源を取り込みながら，世界規模で優位性を構築するという**メタナショナル経営**の実現が急務である。

　前述したトランスナショナル戦略の資源の流れは，本社と子会社のネットワークが中心のマネジメントであった。しかも，先進国に展開している海外子会社を対象とし，あくまでも自社資源のネットワークをベースに競争優位性が構築されてきた。しかし，メタナショナル経営では，資源の流れを戦略展開によっては，「本社→ローカル」，「ローカル→本社」，「ローカル→ローカル」というように臨機応変に変え，さらには，多様な資源のフローの中に，外部組織の資源も柔軟に取り込みながら競争優位性を構築する。

　確かに，今まではグローバルレベルで資源を活用できるというのは，グローバルな規模で海外子会社のネットワークをもつ，グローバル企業に圧倒的な競争優位性があった。事実，ジョンソン・エンド・ジョンソンは，本社に大規模な中央研究開発機関をもっていないが，グローバルに張り巡らしたネットワークを活用し，欧州のベンチャー企業の開発能

力を取り込むことで，使い捨てコンタクトレンズという画期的な製品開発に成功している。この事例などは，まさに，世界のあらゆる資源を取り込みイノベーションを創発するというメタナショナルなイノベーションに近いものであろう。

しかし，今や必ずしも経営資源が豊富な大規模グローバル企業が，その資源の豊富さをバックに競争優位性を構築できるわけではない。実際，この50年間で，グローバルな競争環境は，先進国を中心としたグローバル企業から，新興国を出自とするグローバル企業がますます強力な競争相手として競争力を高めてきており，世界市場の競争構造は劇的に変化してきている（Yamakawa *et al.*, 2013）。また，資源的に劣勢で国際化とは無縁と思われていたベンチャー企業も，設立から数年以内にグローバル市場をターゲットとして比較的短期間に世界的なグローバル企業に成長している。生まれながらの国際企業，**ボーングローバル企業**（以下，BGF）の台頭である。

BGF は世界的に市場が存在するハイテク分野ではかねてから存在したが，今や，ハイテク分野だけではなく，多様な産業と国から BGF が出現してきている。インターネットの普及や技術革新などによって，かつてのようにグローバル化に大きな経済的，心理的なコストが掛からなくなってきているからである。そのため，BGF の海外進出のスピードそれ自体が，輸出から直接投資へと段階的にレベルを上げていく伝統型のグローバル企業と異なり，高いパフォーマンスを生み出す要因になっている（Hagen, *et al.*, 2014）。

しかし，BGF の競争優位の源泉は，海外進出のスピードだけではない。そのスピードを生み出す，より洗練された**知識ベース**（Nummela *et al.*, 2016）を競争優位性の源泉にしている。事実，BGF の強みは，独自性の高い技術力やマーケティングスキル，**ビジネスモデル**をベースに競争優位性が構築されている。しかも，独自性の高い資源やビジネスモデル

を内部資源と，外部企業の資源をリンクして創り出している。

　まさに，世界中の資源を活用するというメタナショナル経営を早くから実現しているのが BGF とも言える。たとえば，LAN の製造メーカーとして創業したアライドテレシスは，**ファブレス戦略**をベースに，技術力の高い国で開発し，コスト競争力のある国で生産し，市場の大きい国で販売するというビジネスモデルをベースに日米で同時に市場参入を実現し，今やネットワーク管理の総合企業としてのポジションを獲得している。

　それでは，世界的な資源を活用しながら持続的競争優位性を創り出すというメタナショナル経営がなぜ注目されるようになったのか。そして，その戦略的特徴とは何かを改めてみてみよう。

メタナショナル経営の競争優位性

　メタナショナル経営の本質とは，自国優位性に立脚した戦略を超え，本国のみではなく世界中で**価値創造**を行い，競争優位性を構築する戦略である。メタナショナル経営が注目されるようになったのは，グローバル競争が激化してくれば，今まで構築してきた競争優位性が一瞬のうちに失われる可能性があるからである。事実，今までにも多くの産業で競争優位性の移転が起きている。たとえば，かつて半導体産業をリードし，業界の覇権を握っていたのは米企業であるが，その後，この業界の覇権は日本企業が獲得した。しかし，現在は米企業が復権し，新たに韓国，欧州企業が台頭し，そして，ファウンドリでは台湾企業が優位性を構築している。

　このように，時代の変化とともに，競争，市場構造が変わることで各国企業のもつ競争優位性は移転していくことになる。そのため，各産業の将来の技術革新や最先端の市場トレンドは，今後，どの国や地域で生み出されるのかということをグローバルなレベルで感知して，そしてそ

れらを取り込み活用することで競争優位性を構築することが必要になる。実際，今日のように情報技術が発達してくると，製品のイノベーションも常にリードマーケットから出てくるわけではない。今や新興国から逆に先進国に輸出される**リバースイノベーション**も多くなっている。

　たとえば，東芝の液晶テレビレグザの日本市場でのヒットは，まさにリバースイノベーションの事例である。多くの日本家電メーカーは，デザインを意識してテレビのスピーカーをできる限り見えない位置に配置する。東芝のレグザもできる限り画面の下に設定されているとはいえ，縦3センチ，横92センチもあるスピーカーが前面にあるのは当時としては異色であった。この製品は，もともと大音量に高いニーズがあるインド市場向けに開発され，ヒットした製品を，日本市場に応用開発したのである。日本市場では，音の大きさを楽しみたいというニーズや，音声が聞き取りにくい高齢者にも受け入れられ，日本市場では売れ筋トップ3に入るヒット製品になった。

　東芝の事例は，**新興国市場**に参入することで，日本企業が得意とするさまざまな機能を付加していくという，既存製品の価値体系の再構築が行われた事例とも言える。また，東芝のイノベーション事例からわかるのは，イノベーションを実現する第一のポイントは，本国が最大の競争優位性の源泉であると考えないことである。これがメタナショナル経営を実現する第一のポイントである。新興国市場を押さえることが，グローバル競争を制するキーになってきていることからも，メタナショナル経営の考え方を戦略に取り入れることは重要である。実際，海外の売り上げが50％以上もある企業であれば，そもそも開発拠点などを国内本社に置いておくことが本当に適切なのかをグローバルなレベルで考えなくてはならないだろう。ただし，開発と製造が一体になっていることで高度な製品差別化が創り出されている場合は，敢えて開発と製造を本国に置くことが適切な意思決定である場合も多い。

第二のポイントは，大国の市場にばかり目を向けずに，むしろ辺境と思われる地域のニーズにも目を向けることが必要である。現在，新興国市場で競争優位性を構築しているフマキラー，マンダムなどは，日本企業の多くが欧米市場に目を向けている時に，新興国市場のニーズに早くから着目して，着実に足場を構築してきた。しかも，マンダムやフマキラーなどは，新興国市場の主要都市ではなく，販路開拓が難しいとされる地方都市から参入することで市場創造を実現してきた。まさに辺境と思われる地域の市場ニーズに目を向けることで，今日の競争優位性を構築している。

　第三のポイントは，現地適応は現地ニーズに対応するためだけのものという既成概念を捨てることである。つまり，特殊な国のニーズに対応していることが，その他の国における大きなイノベーションの源泉にもなるということである。たとえば，高品質モニターメーカーで著名なEIZOは，最初に海外展開する時に市場規模の大きいパソコン市場の**リードマーケット**であるアメリカには参入しなかった。市場の規模を追わず，グローバル化によってコンピタンスを強化するという戦略を選択したからである。そのため，環境基準が厳しい北欧やドイツなどに製品を輸出し，進出国の厳しい環境基準をクリアすることで，モニターの高品質メーカーとしての地位を高め，グローバルメーカーへと飛躍していった。

多様性を競争優位性に転換する

　メタナショナル経営の実現は，ある意味，グローバル企業が本質的にもつ競争優位性を改めて認識させるものである。今までイノベーションの源泉ではないと考えられていた新興国市場や周辺市場を，新たなイノベーション機会として認識，活用するということは，もともとグローバル企業のもつ本質的な優位性である多様性を，より大きくとらえようというものである。

しかし，この多様なアイデアをビジネスやイノベーション機会として認識するためには，前述した本社組織のマネジメントの変革だけではなく，グローバル企業に相応しい多様性を生かすような人材の仕組みも一方では必要になる。とくに，多角化したグローバル企業の場合，どうしても事業部主導の意思決定になるために**部分最適**な意思決定に陥りやすい。部分最適な意思決定では，トランスナショナルやメタナショナルな戦略を実現することは難しい。周辺視野が広い**全体最適**なグローバル戦略を実現するためには，**グローバルマネジャー**の育成は必要不可欠である。

　ただし，グローバルマネジャーの能力を一括りにすることはできない。多様性が増大するなかで，グローバルマネジャーだけが共通のコンピタンスをもっていればよいというわけではない。つまり，グローバル化＝グローバルマネジャーというわけではなく，能力に応じたさまざまなタイプのグローバルマネジャーが育成される必要がある，ということである。

　たとえば，進出地域の環境に適応する高度な能力を身につけている国別のグローバルマネジャー，また，複数の地域を統括するマネジメントスキルをもつリージョナルなグローバルマネジャー，さらには，本社にいながらグローバルな視野に立って，国境を超えて資源を移転させたりする専門性と洞察性をもつコーポレートレベルのグローバルマネジャーなど，複数のタイプのグローバルマネジャーが育成されることが必要となるであろう。実際，グローバルレベルで競争優位性を構築しているグローバル企業というのは，このような多様なタイプのグローバルマネジャーを育成できる人材開発の仕組みを有している。

　昨今，**ダイバーシティ経営**への関心が高まっている。ダイバーシティ経営が当初，注目されたのは女性の社会進出であった。しかし，現在は女性の社会進出に限らず，多様な人材の能力を最大限に生かせる場を，グローバルに提供するダイバーシティ経営の可能性が注目されている。事実，多様性はイノベーションの源泉でもある。

今後のグローバル競争を勝ち抜ける企業というのは，組織の外部と内部の多様性を高め，その多様性を確実にイノベーションの創造につなげることで，持続的な価値創造を行っていける企業である。

《参考文献》

Bartlett, C. and Ghoshal, S. (1989) *Managing Across Border*, Harvard Business School Press. (吉原英樹監訳〔1990〕『地球市場時代の企業戦略』日本経済新聞社)

Birkinshaw, J. (2000) *Entrepreneurship in the Global Firm: Enterprise and Renewal*, Sage Publications.

Dunning, J. (1988) *Explaining International Production*, Unwin Hyman.

Dunning, J. and Lundan, S. (2008) *Multinational Enterprises and the Global Economy 2nd ed.*, Edward Elgar.

Ghemawat, P. (2007) *Redefining Global Strategy: Crossing Borers in a World Where Differences Still Matters*, Harvard Business School Press. (望月衛訳〔2009〕『コークの味は国ごとに違うべきか　ゲマワット教授の経営教室』文藝春秋)

Markman, G., Devinney, M. T., Pedersen, T. and Tihanyi, L. (2016) "Global Entrepreneurship: Assessment and Challenges," *Advance in International Management*, 29：35-43.

Hagen, B., Denicolai, S. and Zucchella, A. (2014) "International Entrepreneurship at the Crossroads between Innovation and Internationalization," *Journal of International Entrepreneurship*, 12(2)：111-114.

Johanson, J. and Vahlne, Jan-Erik. (2009) "The Uppsala Internationalization Process Model Revisited: From Liability of Foreignness to Liability of Outsidership," *Journal of International Business Studies*, 40(9)：1411-1431.

Nummela, N., Saarenketo, S. and Loane, S. (2016) "The Dynamics of Failure in International New Ventures: A Case Study of Finnish and Irish Software Companies," *International Small Business Journal: Researching Entrepreneurship*, 34(1)：51-69.

Hubbard, Nancy A. (2013) *Conquering Global Market*, Palgrave Macmillan.（KPMGFAS 監訳，高橋由紀子訳『欧米・新興国・日本16ヵ国50社のグローバル市場参入戦略』東洋経済新報社）

Prahalad, C. K. and Doz, Y.（1987）*The Multinational Mission: Balancing Local Demands and Global Vision*, Free Press.

Yamakawa, Y., Khavul, S., Peng, M. and Deeds, D.（2013）"Venturing from Emerging Economies," *Strategic Entrepreneurship Journal*, 7（3）：181-196.

Zaheer, S.（1995）"Overcoming the Liability of Fureigness." *Academy of Management Journal*, 38（2）：341-363.

浅川和宏（2003）『グローバル経営入門』日本経済新聞出版

江夏健一・高井透・土井一生・菅原秀幸編著（2008）『シリーズ国際ビジネス3　グローバル企業の市場創造』中央経済社

小田部正明・栗木契・太田一樹（2017）『1 からのグローバル・マーケティング』碩学舎

琴坂将広（2014）『領域を超える経営学』ダイヤモンド社

髙井透・神田良（2017）「ボーングローバル企業再考」『世界経済評論』1月-2月号：106-116

中島済・小沼靖・荒川暁（2002）「ペアレンティング―本社組織の新しいミッション」『DIAMOND ハーバード・ビジネス・レビュー』8月号：48-59

中川功一・林正・多田和美・大木清弘（2015）『はじめての国際経営』有斐閣ストゥディア

長谷川信次（1998）『多国籍企業の内部化理論と戦略提携』同文舘出版

～～《いっそう学習（や研究）をすすめるために》～～～～～～～

浅川和宏（2003）『グローバル経営入門』日本経済新聞出版
　　組織論・戦略論をベースに体系的にグローバル経営の分野の理論をまとめた卓越した書である。各企業のミニケースも収められているため，理論と現実の両方を視野に入れながら，グローバル経営についての知識を習得することが可能である。

江夏健一・桑名義晴編著（2018）『理論とケースで学ぶ国際ビジネス（第4版）』同文舘出版
　　国際ビジネスに関する基本的なテーマを理論と実践の両面から，新し

い研究成果を取り入れながら包括的かつ体系的に整理した著書である。国際ビジネス活動の新しいトレンドや焦眉の課題を取り上げ概説し，具体的事例も多く盛り込まれている。

琴坂将広（2014）『領域を超える経営学―グローバル経営の本質を「知の系譜」で読み解く』ダイヤモンド社

　　国際経営論や多国籍企業論の起源を歴史的な観点から紐解くだけではなく，そのプロセスで関連する諸理論との関係性も非常に丁寧にロジカルに説明している。また，単に理論的なレビューに終始する学術書ではなく，各ローカルマーケットの多様性を理解し，その多様性を競争優位性に落とし込む方法なども解説しており，極めて実践的な書籍でもある。

《レビュー・アンド・トライ・クエスチョンズ》

① なぜ企業は海外進出する時に，企業特殊的優位性が必要なのでしょうか。企業の内部資源と異質性の負債という観点から考えてください。

② 海外子会社の能力が，時には親会社のそれを凌ぐほど高度化するのはなぜでしょうか。また，そのような高度な能力をもつ海外子会社を育成する親会社のマネジメントとはどのようなものかを考えてください。

③ トランスナショナル戦略とメタナショナル戦略の違いを，競争・市場環境の観点から考えてください。

第  章

デジタル戦略

本章のねらい

　製品・サービスのデジタル化がますます進展し，顧客企業や消費者がデジタル技術を使いこなす市場環境において，企業の情報的経営資源の重要性が増している。

　本章では，経営戦略としてのデジタル戦略とその実践としてのデジタル・トランスフォーメーションについて示す。情報財（デジタル財）の特性や注目されるデジタル技術を概観し，デジタル戦略において今後も重要となる戦略観として，ビジネスのしくみ面の競争，具体的には，ビジネスシステム戦略，プラットフォーム戦略やビジネス・エコシステム戦略に注目する。

　本章で学ぶ経営学の概念や論理が，実践の理解につながるだろう。また日本企業のデジタル戦略の実践例にも紙幅を割いており，デジタル戦略の有効性を理解し，将来の研究や実践への手がかりもつかんでもらいたい。

① デジタル戦略とは

デジタル戦略は，組織が有する知識，スキルやデータ等のいわゆる情報的経営資源を戦略的な経営資源として認識し，創造的にデジタル技術を駆使する経営戦略である。

デジタル戦略においては，製品・サービスのデジタル化・ネットワーク化が進展する状況下，製品・サービス面の競争についてとらえなおす必要がある。加えて，デジタル技術の進展により，ますます革新が促進される，ビジネスのしくみの面における競争にとくに着目する必要がある。

そこで，まず財としての情報財の特性，続いてデジタル戦略に欠かせないデジタル技術について述べる。とくに昨今注目される代表的なデジタル技術として，進展が著しいクラウド，IoT，ビッグデータ，AIの概略を確認する。

続く2節にて，デジタル戦略によって大きく革新されるビジネスのしくみとしてのビジネスシステム戦略，とくにプラットフォーム戦略やビジネス・エコシステム戦略を確認する。

3節では，デジタル戦略の実践としてのデジタル・トランスフォーメーションについて述べる。

情報財の特性

情報には，デジタル戦略という点からみると3つの特徴がある。まず，情報は，モノの生産に比べ，生産コストは高いが，再生産のコストは安い（Shapiro, C. and Varian, H., 1998，邦訳：2018）。たとえば，ソフトウエアやコンテンツがわかりやすい。これらの情報を最初に生み出すためには多くのコストが必要だが，一度作り出されてしまえば，後は簡単に複製することができる。こうした商材は，原料費やコストベースで販売価

格を決めてもうまくいかない。より重要なことは，顧客がその情報財にどのくらいの価値を見出すのかである。このため，情報財は価格づけが戦略的にも重要になる。たとえば，同じ情報財であっても，価格を変えることがそのまま顧客のセグメンテーションとも結びつく。たとえばコンテンツという場合，単行本，文庫本，電子版といった区分や，あるいは最初に映画館だけで放映し，その後オンライン配信やDVD販売を行い，最後にテレビ放映を行うといった複数のバージョンを考えていくこともできる。

　情報の2つ目の特徴は，実際に使うまではその価値がはっきりとはわからないということである。この特徴は経験財と呼ばれる商材に共通する。そのコンテンツが本当に面白いものであるのかどうか，それを判断するためには実際に本を読んだり映画を見るしかない。こちらもビジネスのしくみと関わり，部分的な無料サンプリングや口コミを始め，一般的な製品と同じようにブランドや評判の構築が重要になる。

　最後に，情報では，技術の側面も非常に重要になる。技術の側面とは，情報を保存，検索，抽出，コピー，選別，処理，閲覧，受送信するなどのインフラ全般を指す（Shapiro and Varian, 1998，邦訳：2018）。こうしたデジタル技術なくして，情報は製品となることはできない。情報財のビジネスの多くは，情報を生産して複製するというだけではなく，その後ろ側に多くの技術を抱えている。デジタル戦略として情報財に価値を生み出すのは，こうしたデジタル技術の発展である。

注目されるデジタル技術

　デジタル戦略において重要になるデジタル技術はさまざまである。とくに近年注目されるものとして，IoT，クラウド，ビッグデータ，そしてAIを紹介しよう。これらは相互に結びついており，より本格的なデジタル技術としてデジタル戦略を支えている。

図表7－1　デジタル技術の概要イメージ

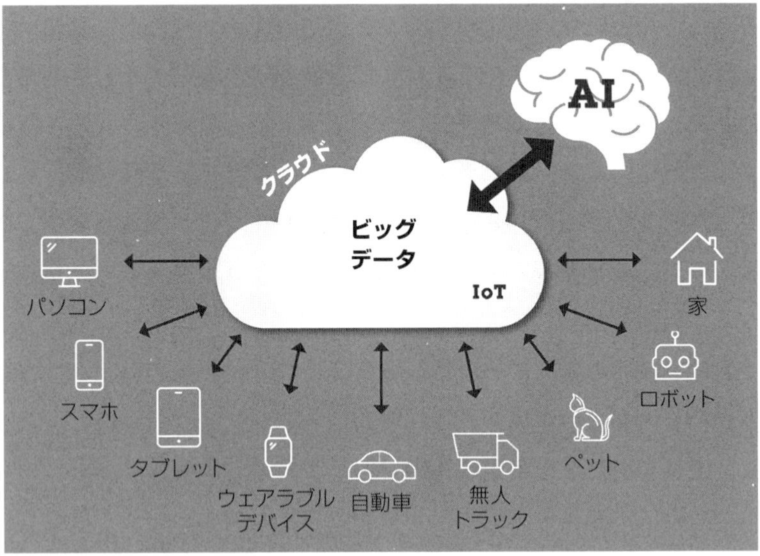

出所）西川・渋谷編（2019）p.221

　まず，IoT（インターネット・オブ・シングス）とは，モノのインターネットとも呼ばれる。従来は，PC，携帯電話やスマートフォン等が通信ネットワークの中心的な端末であったが，ロボットやセンサー等の多様な端末がネットワークに接続されるようになった。より正確には，IoT は，計算（computation），検知（sensing），通信（communication），および作動（actuation）をともなうシステムであり，人間，人間以外の物理オブジェクト，およびサイバーオブジェクト間の接続を伴い，監視，自動化，および意思決定を可能とするシステムである（米国国立標準技術研究所）。

　経営学の文脈としては，たとえばポーターとヘプルマン（Porter and Hepplemann, 2014）は，IoT を IT の第三の革命であるとみている。これまで通信機能をもっていなかった製品がネットワークにつながることで，製品そのものの機能と性能が向上するとともに，製品が生み出す膨大な

データがネットワーク上に集まるようになるからである。

　集められたデータは，クラウドに保存される。**クラウド**とは，共用の
コンピューティング資源（ネットワーク，サーバー，ストレージ，アプリケー
ション，サービスの集積）であり，どこからでも，簡便に，必要に応じ
てネットワーク経由でアクセス可能なものとされる（米国国立標準技術
研究所）。クラウドには，集められたデータだけではなく，その利用や
分析のためのソフトウエアやアプリケーション，これらの開発・実行環
境そのものも含まれており，総じて Platform as a Service（PaaS）と呼
ばれる。またアプリケーションがサービスの形で提供されるソフトウエ
ア（SaaS：Software as a Service），ネットワークやサーバー等がサービ
スの形で提供されるインフラ（IaaS：Infrastructure as a Service）といっ
た言葉もある。

　とくに集められたデータは**ビッグデータ**と呼ばれる。このデータには
４つの特徴がある（Hashem *et al.,* 2015）。Volume（大容量データ），Va-
riety（多様な種類と発生源を有するデータ），Velocity（入出力データの速度），
Value（価値あるデータ）の４つの V である。多様で大容量の情報が素
早く集められ，解析されることによって，ビッグデータはこれまでにな
い新しい価値を生み出すことになる。

　最後に，ビッグデータの解析に際して注目されてきたデジタル技術が
AI（Artificial Intelligence）である。「人工的につくられた人間のような
知能，ないしはそれをつくる技術」と定義される（松尾，2015）。現在主
流を占める AI は，得られたデータから隠れたパターンや規則性を見つ
け出す機械学習に加え，データをもとにどこに目を付けて分析を行うか
を AI 自らが探し出すことのできる機械学習の手法であるディープラー
ニング（深層学習）によって，人間には扱うことが困難な膨大なデータ
から新しい認識を獲得していくことができる。

　IoT，クラウド，ビッグデータ，さらには AI の存在は，従来のビジ

ネスのしくみを大きく変える。PC も自動車も家も，すべてが結びつき，ひとつのビジネスとなりうる。それは，自動車を運転しながら自宅のエアコンを操作できて便利であるといった話にとどまらない。たとえば，自動車のワイパーの動作状況の程度をリアルタイムに把握できるようになることによって，集められたデータで局地的な天気の把握や予測をより精確に行うことや，運転者の安全性を向上させることができるといった可能性が考えられるというわけである。

こうしたビジネスの結びつきを実現するデジタル技術には，他にも，高速ネットワーク（5G 等），XR（VR：仮想現実，AR：拡張現実，MR：複合現実），量子コンピューティング等さまざまなものがある。これらのデジタル技術が，企業における経営資源を戦略的かつ有効に活用する促進剤のようになり，デジタル戦略上の重要な条件となるのである。

② デジタル戦略とビジネスのしくみ

デジタル技術が示すように，デジタル戦略においては，デジタル化あるいはネットワーク化が進む製品・サービスの競争のあり方についてとらえなおす必要がある。そこで，本節では，ビジネス（事業）のしくみに着目するビジネスシステム戦略，プラットフォーム戦略及びビジネス・エコシステム戦略について概説する。3つに共通することは，顧客価値を創造するしくみという点であり，他者と効果的に協働する戦略観である。自社を取り巻く環境を俯瞰的に分析し，自社の経営資源のみならず，パートナー企業を含めたしくみに着目し，競争優位性や持続可能性を高めつつ，顧客価値を創造する。

デジタル戦略を考える上でわかりやすいのは，もともと情報財やデジタル技術を取り扱ってきた IT 産業である。IT 産業では，1990年代にはすでに，企業内ですべてを完結させる垂直統合的なバリューチェーンに

よる価値創造から，取引企業との水平分業による価値創造への転換が進んできた（今井，1994）。

　水平分業をより促進する上で重要になったのは，プラットフォーマーと呼ばれる企業の存在である。たとえば Microsoft はパソコン上の OS を提供することで，パソコンを利用するユーザーだけではなく，ソフトウエアはもちろんパソコンの周辺機器を供給する複数の補完業者を取り込んだビジネスのしくみを構築するようになった。

　こうしたプラットフォーマーによるビジネスは，ビジネスシステムとしてとらえられるだけではなく，自社を中心としたビジネス・エコシステム（生態系）を形成するようになっている。このビジネス・エコシステムでは，生態系全体の繁栄を戦略的に構想することにより，自らの産業内におけるリーダーシップを発揮することになる (Gawer and Cusumano, 2002)。デジタル戦略では，こうしたビジネス・エコシステムの存在を見据え，エコシステム間の競争・協調の重要性が増すと考えられる。

ビジネスシステム戦略

　ビジネスシステム戦略は，従来のビジネスにおいても重視されてきた通り，ビジネスのしくみに着目する（加護野・石井，1991：加護野・井上，2004）。製品やサービスの面における「違い」は，わかりやすく，華々しい成功であるが，実は比較的，真似がしやすく，持続時間が短いという課題を抱える。一方，ビジネスのしくみの面における「違い」は，目立たず，表面に現れにくいため，真似するのに時間がかかり，持続時間が長い。

　このビジネスのしくみの面に着目する**ビジネスシステム**とは，「経営資源を一定の仕組みでシステム化したものであり，どの活動を自社で担当するか，社外のさまざまな取引相手との間にどのような関係を築くか，を選択し，分業の構造，インセンティブのシステム，情報，モノ，カネ

の流れ，の設計の結果として生み出されるシステム」（加護野・井上，2004）とされる。類似の概念に，**ビジネスモデル**がある。たとえば，國領二郎（1999）は，「誰にどんな価値を提供するか，そのために経営資源をどのように組み合わせ，その経営資源をどのように調達し，パートナーや顧客とのコミュニケーションをどのように行い，いかなる流通経路と価格体系のもとで届けるか」という設計思想をビジネスモデルと呼んでいる。

ビジネスシステムにせよ，ビジネスモデルにせよ，重要なことは表面的ではないビジネスのしくみに注目するということである。このことは，デジタル戦略が情報だけではなくその背後に広がるデジタル技術にも注目することと同じである。また，ビジネスシステムやビジネスモデルにおいても，自社だけではなく取引相手やパートナーの存在が重要になる。

プラットフォーム戦略

デジタル戦略がビジネスシステムやビジネスモデルにとどまらないのは，プラットフォームの視点が重要になるからである。今井（1994）は，垂直統合による価値づくりから，新たな産業活動基盤としての「**プラットフォーム**」への移行という産業組織の転換を指摘していた。彼が実際の営みとしてとらえていたのは，パーソナルコンピュータ産業におけるIBM のような垂直統合型のバリューチェーンが解体され，Intel に代表されるシリコンバレーを中心とした企業群が，レイヤー（層）と呼ばれる企業間で共通的に活用できる技術基盤を作り始めていたことであった。すなわち，Intel 社らは自分たちの仕事を支援するプラットフォームを作り出し，その上で取引ないしビジネスがより効率的に行われる産業組織の新形態を作り出したのである。

もともと，プラットフォームを想定したビジネスモデルやシステムは従来から考えられてきた。プラットフォーム・ビジネスは，「だれもが

明確な条件で提供を受けられる商品やサービスの供給を通じて，第三者間の取引を活性化させたり，新しいビジネスを起こす基盤を提供する役割を私的なビジネスとして行っている存在」（國領，1994）とされる。たとえば，ゲーム機やクレジットカードがあてはまる。

　デジタル技術の面では，技術の仕様である詳細なアーキテクチャの情報がプラットフォームにおいて重要度を増す。国領（1999）は，自社の有する情報を秘匿するのでなく積極的に公開して他者の情報との結合を促して情報の価値を増殖させつつ，結果的に自社の利益にも取り込んでいく戦略を**オープン・アーキテクチャ戦略**と呼び，プラットフォームの進化を促すことを示す。今井（1994）をはじめ，プラットフォームに係る当時の多くの研究が参照するIT産業において，MicrosoftやIntelは，まさに各々が新たなプラットフォームを創造して，パートナーとしての企業群と協調して成長した代表的なプラットフォーマーといえる。

　この時，アーキテクチャを共有するプラットフォーマーは，すべてをオープンにするというわけではない。たとえば立本博文（2017）は，Intelの事例をもとに，共有できる技術を通じて他の企業と協業するオープン化戦略と，逆に同社が囲い込む製品・サービスのクローズ化戦略の2つの設定こそが要諦とする。つまりIntelはプラットフォーマーとしてPC組立メーカーとの取引を拡大しながら，他方自社のマイクロプロセッサー技術のクローズド戦略により，利益を最大化してきたのである。

　次に検討を要するのは，どのようにして他社を牽引するプラットフォーマーとなるかであろう。ガワーとクスマノ（Gawer and Cusumano, 2008）は，いわゆる「**プラットフォーム・リーダー**」になるための2つの戦略的なオプションを示した。第一に，それまでに存在していない新たなプラットフォームを創造することである。たとえば技術的な観点から，本質的なシステムの問題を解決する，プラットフォームと補完業者の強い相互依存性を維持する，あるいは知的財産を保持する等を考慮する必要

がある。ビジネス上の観点からは，多くの産業内の参加者の本質的な事業課題を解決する，補完業者の貢献や革新のインセンティブを構築するといった点を挙げている。第二は，市場の勢いを構築してプラットフォームの争いに勝つというものである。たとえば，ユニークで魅力的な機能を技術開発することや，価格競争力や金銭面の助成等によってユーザーを獲得する等が挙げられる。

シャピロとヴァリアン（Shapiro and Varian, 1998）は，プラットフォームにおける競争においては，需要サイドの規模の経済と呼ばれる「**ネットワークの外部性**」が重要になるとする。そもそも外部性とは，ある市場参加者が，市場を通さずに，つまり対価を払わずに，周囲に影響を及ぼす現象であり，ネットワークの外部性は，ネットワークの参加者が相互に影響を及ぼすことを指す。プラットフォームで言えば，ユーザーが増えれば増えるほどそのプラットフォームの価値が高まり，正のフィードバックが発生してますますユーザーを誘引する。既述の Microsoft や Intel のユーザーの拡大は，まさにネットワークの外部性が発揮された例である。

企業がプラットフォーム・ビジネスを考えるようになると，競争の次元もまた個別の企業同士ではなく，企業間関係を含めたビジネスのしくみの競争となってくる。こうした競争では，**囲い込み（ロックイン）**と**乗り換えコスト（スイッチングコスト）**が重要になる（Shapiro and Varian, 1998）。一度囲い込まれてしまうとそこから別のシステムに乗り換えるためには大きなコストが発生してしまうからである。先発して先に顧客を囲い込み，自社を中心としたプラットフォームを作り上げる考え方は売り手のロックイン戦略といわれ，先発が優位である。もちろん，常に先発者優位になるというわけではない。後発であっても，乗り換えのコストを小さくすることができれば対応できる。また，複数のシステムに相乗りできる資源をもつ企業が存在する場合には，先発者優位は薄くな

り，ロックイン戦略が機能しにくくなる。

ビジネス・エコシステム戦略

　プラットフォーマーを取り巻く環境を俯瞰的に分析する視角として，生態学のエコシステムのアナロジーが取り入れられたビジネス・エコシステムについて確認する。このエコシステムの概念を経営学の文脈で導入したムーア（Moore, J. F., 1993）は，競合相手と顧客やシェアを奪い合う競争的挑戦の視点ではなく，企業を生態系における一員ととらえなおし，協力的挑戦を行い他者と共生しあう適者生存がビジネスの本質であることを主張した。

　ビジネス・エコシステムは，誕生段階，拡大段階，リーダーシップ段階を経て，自己再生段階へ向かう。既述のプラットフォーム・リーダーシップに着目したガワーとクスマノ（Gawer and Cusumano, 2002）においては，プラットフォーマーは，ビジネス・エコシステムの繁栄を構想することがそのリーダーシップを発揮する前提条件であった。近い視点からより具体的にビジネス・エコシステムを分析単位として設定したのは，イアンシティとレヴィエン（Iansiti and Levien, 2004）の研究であり，Walmart や Microsoft の成功要因は，自社の利益のみに終始せず，ビジネス・エコシステム全体の繁栄を戦略的に取り組んだことにあると説明する。

　彼らは，より具体的にビジネス・エコシステムのなかで各企業の立ち位置を類型化し，**ビジネス・エコシステムの健全性**を測る概念（生産性，頑健性，ニッチ創出）を示した。ビジネス・エコシステムには，プラットフォームを共有財産として生態系に提供し，参加者を相互に結びつける複雑な役割を担いつつ，環境変化に強い頑健性を維持・向上させるキーストーン企業が存在する。一方で，プラットフォームに集まるニッチ企業は，イノベーションにより生態系に対して有意義な多様性の創出に貢

献し，結果として生態系の健全性に貢献する。

　ビジネス・エコシステムの代表的な研究のひとつといえるアドナーとカプア（Adner and Kapoor, 2010）は，ビジネス・エコシステムを顧客に価値提供する焦点企業（focal firm）から見て，上流に位置する部品（components）の供給者（supplier），下流に位置する補完製品・サービス（complements）を提供する補完者（complementor）からとらえる枠組みを提供した。そして彼らは，とくに焦点企業における上流のイノベーションの重要性を説明している。続く Adner and Kapoor（2016）では，技術マネジメントにおいて，旧来技術と新規技術の革新と同等に，旧来技術のエコシステムと新規技術のエコシステムの競争と革新を考慮することが重要になってきている点が主張されている。

ソラコムの事例：IoT プラットフォーム・イノベーションとビジネス・エコシステム形成

　ここで，本節のこれまでの説明を総合する実践例として，デジタル戦略により新たなビジネスを創造したソラコム社の事例を依田祐一（2020）に基づいて紹介する。同社は，IoT やクラウドといったデジタル技術を駆使して，新たなプラットフォームとビジネス・エコシステムを創造した日本発の初のグローバル IoT プラットフォーマーである。

　ソラコムは，玉川憲氏，安川健太氏と船渡大地氏によって，2015 年に創業された。同社の創業は，顧客企業が IoT をより安価に，よりセキュアに利用することができ，IoT 向けの通信サービスを実現できる通信プラットフォームを提供するというシンプルなコンセプトに基づいていた。同社は，「世界中のあらゆるヒトとモノをつなげ，共鳴する社会へ」というビジョンを掲げ，このビジョンは「日本から世界から，沢山の IoT プレイヤーが生まれますように」という強い願いを表現している。それは，アマゾンウェブサービス（AWS）からたくさんの Web サービスが生まれるように，SORACOM からはたくさんの IoT システムが生

まれるといったイメージである。同社は，IoT テクノロジーの民主化を進めるために，ソラコムをそのプラットフォーマーと位置づける。

ソラコムは，2015年9月30日に，MVNO（仮想移動体通信事業者）として，モバイルデータ通信とクラウドサービスを一体化した IoT プラットフォームの提供を開始した。IoT サービスを実現したい企業向けの B2B 及び B2B2C のビジネスである。

同社のデジタル戦略の要は，IoT の通信サービスのしくみをクラウド上で動くソフトウエアに置き換えた点にある。従来から，移動体通信事業者はモバイル通信機能（コアネットワーク）を大規模な設備投資がともなうハードウエアで運用してきた。しかし同社は，このモバイル通信機能部分や顧客管理・課金のソフトウエアをすべてアマゾンがグローバルにサービス提供するクラウド（AWS）上にソフトウエアとして実装し，SORACOM 独自でモバイルデータ通信とクラウドを一体化したのである。

ソラコムには，「お客様視点で直面した課題を，技術イノベーションを持って解決すること」という開発の基本原則があり，顧客フィードバックを基にするが決して顧客の御用聞きになるのではなく，本来プラットフォームが提供すべき機能とイノベーションは何かを考え抜く価値観が共有されている。従来から IoT の実践において顧客の抱えていた料

図表7－2　SORACOM の IoT プラットフォームの概要

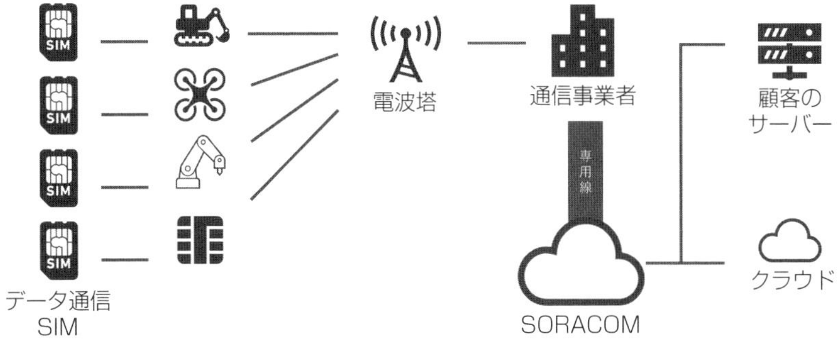

データ通信
SIM

電波塔　通信事業者　顧客の
サーバー

SORACOM　クラウド

出所：依田（2020：230）

金面，セキュリティ面，ロックインやユーザビリティの問題等において，顧客の声を聞きつつ顧客の問題を創造的に解決する技術的なイノベーションの視点から，アジャイル開発（詳しくは次節）のシステム開発方針・実践により2週間単位で新機能をリリースし続けることにより，顧客価値を創造してきたのである。

　また同社は，プラットフォームを利用したユーザーが，日本だけでなく世界中でIoTシステムを動かすことを念頭においており，グローバルのクラウドサービスを利用するなどグローバル展開を最初から意図したプラットフォーム設計を行った。IoTシステムは，顧客事例の再利用が可能であり，日本での事例を海外で，海外での事例を日本で適用可能である。実際に，国内でサービス開始後，米国・欧州でもサービスを開始し，120を超える国と地域で利用可能となった。

　同社は，IoTシステムの構築に際して，パートナー企業を，パートナープログラム「SORACOMパートナースペース」と呼ぶビジネス・エコシステムを構築した。パートナー企業はソリューションの内容によって4つのカテゴリーに分けられ，一定の導入実績等によってパートナー認定される。すでに認定済みパートナーも数百社を超え，エコシステムが拡大してきた。ネットワークの外部性も発揮され，創業して数年で世界で1万を超える法人顧客に利用され契約回線数が数百万回線を超えるなど，急速な拡大を続けている。

 ## 3　デジタル・トランスフォーメーション

　本節では，デジタル戦略の実践としてのデジタル・トランスフォーメーション（DX）を取り上げる。企業においては，DXとはデジタル技術を

駆使した企業変革であり，デジタル技術を梃子とした全社視点のしくみ
の変革ともいえる。たとえば，ウェイドら（Wade, M. *et al.*, 2019）は，
デジタル・ビジネストランスフォーメーションと呼び，「デジタル技術
とデジタル・ビジネスモデルを用いて組織を変化させ，業績を改善する
こと」としている。

　一方，ストルターマンとフォース（Stolterman and Fors, 2004）に示さ
れる人びとの暮らし，つまり消費者側におけるデジタル技術によるイン
パクトも見過ごせない視点である。彼らは，デジタル・トランスフォー
メーションという用語は，「デジタル技術が人びとの暮らしに与えるさ
まざまな変化」（Stolterman and Fors, 2004）として広くとらえている。

　本書でも，デジタル・トランスフォーメーションを「デジタル技術に
よる変革」と広くとらえる。実践的には，DX において，企業と顧客（消
費者，企業）は相互依存的である。企業における DX の進展が，顧客で
ある消費者の暮らしを大きく変えるものにつながり，また消費者のデジ
タル技術を駆使した行動は，企業側の経営実践に大きな変容を求めるも
のになりうるのである。顧客としての企業の場合も同様であろう。

　進展の著しいデジタル技術の恩恵を享受すべく，企業が戦略的な優先
事項として DX を設定する必要性は，問い直すまでもない程に重要とい
える。そして，どのようにその恩恵を享受するかが大切な問いとなる
（Matt, C. *et al.*, 2016）。

DX の実行

　戦略は実行されてこそその実りを享受できるが，その効果的な実行は
容易ではない。DX は，デジタル戦略のひとつの実践であり，ビジネス
のしくみの競争に係る全社的なテーマであることは既述のとおりであり，
戦略論や組織論等多岐にわたる。本節では，DX の実践に係る固有の点
に焦点をあてる。それは先進的なデジタル技術とそれらを駆使するプロ

セスとしての開発方法である。ここでは，デジタル技術を効果的に活用し，顧客（社内顧客を含む）と共創するデジタル戦略の有力な実践方法のひとつとして，アジャイル開発について着目する。

　アジャイル開発は，企業の枠を超えた共通的な問題意識から，そして開発実践そのものから生まれたものといえる。2001年に「アジャイル開発は，プロセスやツールよりも個人と対話を，包括的なドキュメントよりも動くソフトウエアを，契約交渉よりも顧客との協調を，計画に従うことよりも変化への対応を，価値とする。すなわち，左記（それぞれの前者）のことがらに価値があることを認めながらも，私たちは右記（後者）のことがらにより価値をおく。」という「アジャイル・ソフトウエア開発宣言」が米国ユタ州スノーバードで発表された。アジャイル開発は，ビジネスの不確実さや変化の速さの増す環境下，ユーザーのフィードバックや開発者の変更要件をより素早く取り入れ，期間を短く区切って優先度の高い機能から実装を繰り返すことで，完成しないと把握できないリスクを軽減する。単なる手順やプロセスでなく，アジャイル開発宣言に示されるような価値観に根ざしている。

　図表7－3のとおり，伝統的な**ウォーターフォール開発**と違い，要件・設計，プログラム，試験をより短期間で並列的に行う。開発プロセスでは修正を重ねることを前提にしており，試行錯誤を重ねるイメージであ

図表7－3　ウォーターフォール開発とアジャイル開発のイメージ

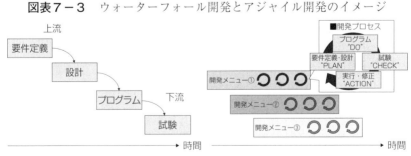

出所）西川・澁谷編（2019：226-227）

る。本開発プロセスをとおして，顧客に具体的に動くソフトウエアを見せつつ，フィードバックを受けながら，修正を何度も重ねるのである。

　ここで大切なのが，単なる進め方の違いではないという点である。先のアジャイル・ソフトウエア開発宣言にあったとおり，その精神である。対話を重視し顧客を含めて現場の実践者が皆で徹底的に話し合う姿勢，設計書などの美しいドキュメント整備よりもとにかく動くソフトウエアを作って実際に見て触って評価する姿勢，顧客と一緒になって創造する姿勢，変化への柔軟性を最大の価値とする姿勢である。現場の実践から生まれた極めて実践的な方法であることが理解できるだろう。

　ウォーターフォールは予見的プロセスであり，アジャイルは経験的プロセスである。たとえば，「**スクラム**」は，1990年代に開発された代表的なソフトウエア開発の手法であり，後のアジャイル・ソフトウエア開発宣言の精神が共有されている主要な方法のひとつである。実は，このスクラムの源流は，竹内弘高と野中郁次郎が1986年に発表した論文が根底にある。「ラグビーのようにチーム一丸となってボールを運んでいる」イメージをとらえ，当時のホンダとキヤノンの新製品の開発の速さと柔軟さを分析した研究である。明確な新製品の企画書や設計書が明示されないなかで，開発の最初から最後まで各フェーズを重複させたひとつのチームが自律的に動き，各自の専門を超えながら組織的に学習するからこそブレイクスルーが起こっていく点が指摘されている。そして，不確実な局面，変革を要する局面において，創造性やスピードが発揮されるのである。

JVC ケンウッドの事例：デジタル・トランスフォーメーション

　デジタル戦略の実践として，JVC ケンウッドの DX 事例を依田祐一・大川泰蔵（2021）に基づいて示す。同社が長年培ってきた技術資産を基に，AI や IoT，ビッグデータを駆使したオートモーティブ関連の事業革新

の実践例である。彼らは，メーカーとして蓄積してきた経営資源を活用して，自動車保険及びライドシェアのサービスビジネスとして事業革新に挑み，新たな顧客価値を創造してきた。

2008年10月に，日本の老舗メーカーである日本ビクター（1927年創立）とケンウッド（1947年創立）が経営統合して，JVCケンウッドが誕生した。当時，コンシューマーエレクトロニクス業界では，デジタル化の進展にともなって，企業の設備投資やソフト開発負担が増加していた。さらに，製品化が容易になり差別化が難しくなったことから，韓国・台湾・中国などのメーカーが台頭し，価格競争が激化していた。そこで経営統合による日本の専業メーカーの勝ち残りを目指したのであった。

同社は，市場縮小が続くコンシューマー向けの民生事業から，今後の成長が期待されるカーエレクトロニクス事業や業務用（B to B）事業へとシフトを進めた。また，中長期経営計画を策定し，製品を製造し販売するという従来型の「製造販売業」から，顧客の課題を解決するためのソリューションを提供する「顧客価値創造企業」へ進化をはかるビジョンを示した。

2016年度に，全社を見渡すことが可能な経営企画部配下の4名のチームから検討を開始し，その後ソリューション開発室を立ち上げた。詳細は後述のとおり，その新規事業の探索において，2017年よりコネクテッドカー関連のビジネスに注目してサービス開発に着手し，2018年8月に自動車保険向けサービスを開発し，受注に成功する。具体的には，同社のIoT端末の通信型ドライブレコーダーが損害保険会社のドライブレコーダー付き自動車保険に採用されたのである。並行して，海外進出に挑戦し，東南アジアのライドシェアサービスの大手であるGrab社との協業によりサービス開発し，2019年4月に通信型ドライブレコーダーを活用したドライバー向けセキュリティサービスの商用化に成功した。売上高も急激に伸長し，4名でスタートした組織は130名の陣容となり，2019

年4月からDX ビジネス事業部として，全社の第4の事業の柱を担う独立の事業部となった。続く2020年3月期には，DX の新規事業において売上高が100億円を超え，約3年間で黒字化を達成した。

DX の実践例：自動車保険向けサービスの開発

　JVC ケンウッド社が開発したひとつ目のサービスは，損害保険会社とともに提供するテレマティクスサービスである。同社からみると，B2B2Cのビジネスとなり，JVC ケンウッド社の顧客は損害保険会社となり，損害保険会社は自動車の運転者を顧客とする。

　このサービスでは，運転者は自動車の損害保険における通信型ドライブレコーダー付きの保険の特約に最初に加入する。従来の自動車保険は，事故が発生した時，運転手等の当事者から電話連絡が入ってから，保険会社が事故の査定を行っていた。しかし同社は，事故発生直後の対応，事故後の保険の査定，及び事故の予防の3つの点で自動車保険サービスにおける革新的な顧客価値を創造した。

　具体的には，顧客の自動車に設置された通信型ドライブレコーダーは，

図表7－4　自動車保険サービスの概要

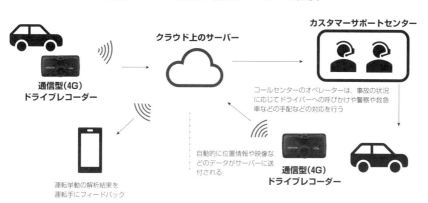

出所）依田（2021：227）

通信機能を有する IoT 端末であり，位置情報・映像情報や事故時の衝撃等を把握する各種センサーを有しており，クラウドにデータを送信している。救急車の手配等の事故発生時のサポートも素早く，事故後の査定も多様なデータを基に AI で分析することができ，より正確で効率的な検証が実現された。さらに，事故後に限らず，ドライブレコーダーからは日常の運転挙動のデータが集められる。リアルタイム映像から前方衝突や歩行者を検出する周辺認識を，エッジ AI という端末側で分析する技術により実現して運転をサポートしている。またこのビッグデータを AI により分析し，事故のリスクを判断するとともに，事故予防につなげることが期待されている。

実践例：海外ライドシェア向けサービスの開発

　もうひとつのサービスとして，JVC ケンウッド社は，損害保険会社とともに提供するテレマティクスサービスと同時並行的に，海外における新規事業にも挑戦した。東南アジアのライドシェアサービスの大手プラットフォーマーである Grab 社との協業によりサービスを開発し，通信型ドライブレコーダーを活用したドライバー向け運転手安全支援システムを商用化したのである。こちらは B2C2C のビジネスであり，JVCケンウッド社の顧客は Grab 社が契約する個人事業主としての運転手となり，その運転手は，ライドシェアサービスを利用する乗客を顧客とする。

　Grab 社が提供するライドシェアサービスは，運転手と乗客がともに一般人となる C to C のプラットフォームである。このライドシェアにおける深刻な安全性の問題として，傷害事件や車両の盗難等の発生が挙げられる。そこで運転手向けのセキュリティサービスとして，車内に危機時用のパニックボタンと呼ばれるボタンが設置された。危機時に運転手がこのボタンを押下することにより，運転手サポートセンターが直ちに状況を把握できるわけである。

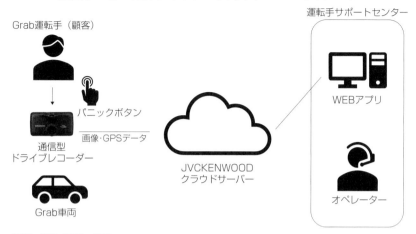

図表７−５　海外ライドシェア向けサービスのイメージ

Grab運転手（顧客）

パニックボタン

画像・GPSデータ

通信型
ドライブレコーダー

Grab車両

JVCKENWOOD
クラウドサーバー

運転手サポートセンター

WEBアプリ

オペレーター

出所）依田（2021：229）

　その際，車内の状況はIoT端末の通信型ドライブレコーダーの映像を通じてクラウドに届けられているため，運転手サポートセンターは具体的な状況をすぐに把握することができる。そして危険な状況を認識すれば，車の位置情報等に基づき，警備会社，近隣の運転手や警察の駆けつけを手配するのである。同様に，乗客側にも緊急時のボタンが設置されており，運転手の挙動に応じて，運転手サポートセンターの呼び出しが可能である。

　さらに乗客は，配車アプリを使用する際に，セキュリティサービスが設置されているかどうかについて予め把握することができ，より安心感をもってサービスを利用できるしくみが整っている。この車内のドライブレコーダーの設置が抑止力となり，サービス導入後に，サービスを利用する車での深刻な傷害事件は発生していない。また，傷害事件による犯人逮捕や盗難された車両の発見，そして傷害事件の発生防止や車両の盗難防止にも有効であるという。C to Cサービスにおける最大の課題である安全性を，運転手及び乗客の双方の点からデジタル技術を駆使し

て問題解決し，安心した業務への従事やサービス利用を実現している。

　本実践例では，ビジネス・エコシステム戦略でいえば，キーストーン企業としての Grab 社がライドシェアのプラットフォームを提供し，ニッチ企業としての JVC ケンウッド社がイノベーションを創出しているともいえるだろう。そして，メーカーである JVC ケンウッドは，ビジネスの企画立案，ハードウエア及びソフトウエアの要件の定義，システム全体の調整とサービスの運用設計というビジネスをプロデュースする役割を担って，アジャイル開発の実践とともに DX を実行することができた。これは先行の DX 事例を効果的にカスタマイズしながら設計するとともに，メーカーとしてハードウエアの製造技術やソフトウエアの開発ノウハウ，サービス構築の経験を保有してきたからこそ実現できたといえる。

　本章の最後に，デジタル戦略における留意すべき視点を示しておきたい。デジタル化の進展は，企業側の戦略立案に加えて，顧客企業や消費者側のデジタル技術を駆使する行動も大きく変容させており，それらの状況をふまえたデジタル戦略の企画・実行が重要である。加えて，既述のとおり，デジタル技術の進展は著しい。したがって，常に技術や市場のダイナミックさを意識的に認識し，創造的であることが重要であろう。

〜〜《参 考 文 献》〜〜〜〜〜〜〜〜〜〜〜〜〜〜〜〜〜〜〜〜〜〜〜〜〜〜〜

　Adner, R. and R. Kapoor（2010）"Value Creation in Innovation Ecosystem: How the Structure of Technological Interdependence Affects Firm Performance in New Technology Generations," *Strategic Management Journal*, 31：306-333.

　Adner, R. and R. Kapoor（2016）"Innovation Ecosystems and the pace of substitutions: Re-examining technology S-curves," *Strategic Management Journal*, 37：625-648.

　Gawer, A. and Cusumano, M. A.（2002）*Platform Leadership: How Intel*,

Microsoft, and Cisco Drive Industry Innovation, Boston Harvard Business School Press.（小林敏男監訳〔2005〕『プラットフォーム・リーダーシップ―イノベーションを導く新しい経営戦略』有斐閣）

Gawer, A. and Cusumano, M. A.（2008）"How companies become platform leaders," *MIT Sloan Management Review*, 49（2）：28-35.

Hashem, I.A.T., Yaqoob, I., Anuar, N.B., Mokhtar, S. Gani, A. and Khan, S.U.（2015）"The rise of 'big data' on cloud computing: Review and open research issues," *Information Systems*, 47：98-115.

Iansiti, M. and Levien, R.（2004）*The Keystone Advantage: What the New Dynamics of Business Ecosystems Mean for Strategy, Innovation, and Sustainability*, Boston Harvard Business School Press.（杉本幸太郎訳〔2007〕『キーストーン戦略―イノベーションを持続させるビジネス・エコシステム』翔泳社）

Matt, C., Hess, T., Benlian, A. and Wiesbock, F.（2016）Options for Formulating a Digital Transformation Strategy, *MIS Quarterly Executive*,: 15（2）：6.

Moore, J. F.（1993）"Predators and prey: A New Ecology of Competition," *Harvard Business Review*, 71（3）：75-86.

Porter, E. M. and Hepplemann, J. E.（2014）"How Smart, Connected Products Are Transforming Competition," *Harvard Business Review*, 92（Issue 11）：64-88.

Shapiro, C. and Varian, H. R.（1998）*Information Rules: A Strategic Guide to the Network*, Harvard Business Review Press.（大野一訳〔2018〕『情報経済の鉄則―ネットワーク型経済を生き抜くための戦略ガイド』日経BP社）

Stolterman, E. and Fors, A.（2004）"Information Technology and The Good Life," *Information Systems Research*, IFIPAICT, 143：687-692.

Wade, M., Macaulay, J., Noronha, A. and Barbier, J.（2019）Orchestrating Transformation,（根来龍之監訳，武藤陽生訳〔2019〕『DX実行戦略―デジタルで稼ぐ組織をつくる』日本経済新聞社）

今井賢一（1994）「オープン・アーキテクチャー時代の産業組織と企業経営」『InfoCom REVIEW』情報通信総合研究所：5-11

加護野忠男・石井淳蔵編著（1991）『伝統と革新―酒類産業におけるビジネ

スシステムの変貌』千倉書房

加護野忠男・井上達彦（2004）『事業システム戦略—事業の仕組みと競争優位』有斐閣

國領二郎（1994）「プラットフォーム・ビジネスの取引仲介機能とオープン型経営」『InfoCom REVIEW』情報通信総合研究所：12-20

國領二郎（1999）『オープン・アーキテクチャ戦略—ネットワーク時代の協働モデル』ダイヤモンド社

立本博文（2017）『プラットフォーム企業のグローバル戦略—オープン標準の戦略的活用とビジネス・エコシステム』有斐閣

松尾豊（2015）『人工知能は人間を超えるか』KADOKAWA

依田祐一（2013）『企業変革における情報システムのマネジメント —IS のフレキシビリティと戦略的拡張性—』碩学舎

西川英彦・澁谷覚編著（2019）『1 からのデジタル・マーケティング』碩学舎

依田祐一（2020）「IoT プラットフォーム・イノベーション—株式会社ソラコムのケース」『立命館経営学』58(6)：223-248

依田祐一・大川泰蔵（2021）「JVC ケンウッドのデジタル・トランスフォーメーション」『立命館経営学』60(2)：223-233

﹅﹅《いっそう学習（や研究）をすすめるために》

Shapiro, C. and Varian, H. R.（1998）*Information Rules: A Strategic Guide to the Network*, Harvard Business Review Press.（大野一訳〔2018〕『情報経済の鉄則』日経 BP 社）

　情報経済について理論と実践の双方から取り扱っており，デジタル戦略の基本原理を深く理解できる。

《レビュー・アンド・トライ・クエスチョンズ》

① 情報的経営資源及びデジタル技術を駆使する企業（事業）を選択し，同社がどのように，顧客価値を創造しているかを考えてみよう。

② デジタル技術を活用した身近なプラットフォームを提供する企業（事業）を選択し，ネットワークの外部性及びロックイン戦略の観点から，同社の具体的な実践方法を考えてみよう。

終　章

戦略実現のためのビジネスモデル

◆◇◆◇◆◇◆◇◆◇◆◇◆◇◆◇◆◇◆◇◆◇◆◇◆　本章のねらい　◆◇◆◇◆◇◆◇◆◇◆◇◆◇◆◇◆◇◆◇◆◇◆

　　本章においては，経営戦略を実行するための基本的な
枠組みとしてビジネスモデルをとらえる。同時に，戦略
とビジネスモデルのダイナミックな関係にも注意しなけ
ればならない。

　　次に，経営戦略の実行のためのビジネスモデルの機能
と構造を米国のデル社の事例から理解し，それがビジネ
スモデル・イノベーションという第三のイノベーション
であることを説明する。しかし，ビジネスモデルも環境
変化のなかで時間の経過とともに陳腐化し，機能不全に
陥る。

　　そのため，自社に必要なビジネスモデルを適切にデザ
インする体系的な方法を明らかにする。最後に，高収益
企業であるキーエンスのビジネスモデルの強みの理由を
整理した上で，現代企業に求められるビジネスモデルの
全体構造を示す。

戦略経営の枠組み

　われわれは，前章までの各章において，現代企業の存続と成長にとって重要な役割を果たす経営戦略について，いろいろな側面から検討してきた。それら全体を通じた共通の課題は，経営戦略と実践との結びつきである。すなわち，いかに優れた経営戦略でも，それが実行されることによってはじめて価値（成果）を生む出すことができるという事実である。その意味で，戦略は実践されねばならないし，実践によって試され，鍛えられ，そのもつ意味が明らかにされ，価値が創出されるということができる。

　戦略の策定と実行に関して言えば，日本企業の場合，多くの大企業が**中期経営計画**（中計：期間３～５年）を策定している。中計は全社的な事業活動の基本方針を定めたものである。通常，計画期間中は大幅な改訂・変更はなされず，固定されており３～５年ごとに新たな計画が策定される。問題は，その実行プロセスにある。

　経営戦略を核とした経営体制は，一般に「**戦略経営**」と呼ばれる。今，ここで戦略経営の全体構造を本書の構成と関連づけて示せば次のようになるであろう（図表終－１）。

図表終－１　戦略経営の枠組み

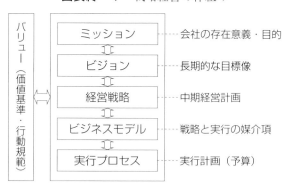

現代企業の戦略経営の出発点は経営理念の明確化である（第2章参照）。経営理念は，会社の存在意義や目的を示す「ミッション」及び将来のありたい姿としての具体的な企業像を描く「ビジョン」，さらに経営全体や行動規範を表す「バリュー」の3つから構成され，それ自体が戦略全体を包含する**メタ戦略**として機能する。ビジョン実現のための中期的な基本方針が「経営戦略」である。すでに指摘したように，すべての戦略は実行され，価値を実現しなければならない。

　しかし，問題はその先にある。一般に，戦略の実行は年次（あるいは半期，四半期）ごとの実行計画としてまとめられ，毎年（あるいは半期，四半期）の予算として編成される。それぞれの現場は予算の達成に向けて組織をあげて取り組むことが求められ，業務活動の改善・改良のために **PDCA**（Plan-Do-Check-Act：**計画 − 実行 − 評価 − 改善**）というサイクルが繰り返される。日本企業の現場力が強いと言われるのは，この現場レベルで改善・改良する組織能力に根差している。

　他方，経営戦略（中計）自体の PDCA サイクルは必ずしも機能していないことが多い。結果として，経営戦略の質の向上が組織的に図られないことになる。最大の原因は経営戦略を体系的・組織的に評価するステップ（C）が機能していないためである。中計策定後はひたすら現場力に依存し，ともすると予算必達の指示だけが下され，現場の頑張りに期待するという「精神論」に陥りかねない。本来，こうした経営戦略と実行プロセスとの乖離を防止し，組織的・体系的に接合する働きを担うのが「**ビジネスモデル**」あるいは「**ビジネスシステム**」である。

　ビジネスモデルの内容について考える前に，ここで注意すべき重要な点を指摘しておこう。ビジネスモデルが経営戦略と実行とをつなぐということは，場合によっては，ビジネスモデルの実践プロセスから戦略の修正や新たな戦略の創造がありうるということを意味する。そもそも戦略自体がひとつのセオリーであり，仮説である。したがって，経営戦略

とビジネスモデルの関係は，一方向の流れとして考えるのではなく，相互作用を含んだダイナミックな関係として理解すべきである。

2　ビジネスモデルとは何か

　企業が事業活動を展開するに当たって，最初に問題となるのは，対象とする主要顧客の特定化（who）である。誰がわれわれの顧客であり，かれらはどのような特性をもっているのか。顧客は他の企業や組織か，あるいは家庭や個人か。実際に商品やサービスを使うのは誰か。また誰が商品やサービスの購入を決めるのか。企業は，こうした顧客のプロフィール（特性）をできるだけ詳細に明らかにしなければならない。

　次に問題となるのは，顧客に対してどのような価値（what）を提供しようとするのか，すなわち主要な顧客ターゲット（**コアカスタマー**）が求める中心的な価値（**コアバリュー**）は何かを検討しなければならない。ここでは，具体的な商品やサービスではなく，顧客価値というとらえ方が重要な意味をもっている。すなわち，顧客が必要としているのは，なんらかの意味における価値（顧客価値）であり，そのために必要な商品やサービスを購入するのであり，その逆ではない。顧客はその価値に対してお金を支払うのであり（value for money），商品やサービスの価値が支払ったお金に値するかどうかを評価するのは顧客自身である。その意味で，最終的な価値を生み出すのは企業の内部ではなく，外部つまり顧客の側にあるということができる。

　最後に，そうした顧客価値をどのようにして創造し，提供するのか（how），換言すれば，開発・製造・販売・サービス・代金回収などに関する顧客価値創造のための基本的な活動プロセス（**コアプロセス**）を明らかにしなければならない。すなわち，各種の経営資源をどのように組み合わせ，その資源をどのように調達するか，顧客価値を創造する上で，

必要な材料や資源や能力を獲得するために外部のパートナーとの協働作業をどのように構築し，維持・発展させるかをデザインしなければならない。また，顧客との間の関係をどのように作り上げるか，顧客とのコミュニケーションをどのように行い，いかなる流通経路と価格体系の下で届けるかを検討し，最後に，顧客が購入した商品やサービスの代金回収をどのように行うかをデザインしなければならない。

　ビジネスモデルは，上記の３つの要素（who, what, how）を含んだ，「顧客価値創造のためのビジネスに関する基本的な枠組み」である（図表終－２）。

　ビジネスモデルは，顧客価値を創造し，実現するための組織的なプロセスであり，顧客によって継続的に支持されることによって，最終的に企業の収益を生み出すことになる。適切にデザインされたビジネスモデルを，実際の組織的プロセスを通じて徹底して実践することによって，はじめて持続的な成果（売り上げ・利益・キャッシュフロー）が実現される。一言で言えば，ビジネスモデルとは「儲かる仕組み」である。

　経営戦略の実行のために，組織が懸命に努力しても持続的な成果が達成されないとすれば，その理由は，戦略実現のためのビジネスモデルが環境変化のなかで機能不全に陥っているか，あるいはビジネスモデル自体は適切にデザインされているが，実現段階での組織プロセスに問題が

図表終－２　ビジネスモデルとはなにか
―顧客価値創造の基本的な仕組み―

誰に　who?
：顧客ターゲット

なにを　what?
：顧客価値

どうやって　how?
：開発・製造・販売・物流
・代金回収システム

顧客価値の創造と実現の
ための組織的プロセス

儲かる仕組み

あるか，そのいずれかあるいは両方が原因である。

　現代企業のビジネスモデルの先駆的な事例として，米国のデル社（Dell Technologies Inc., 以下，デル）を見てみよう。デルは，コンピュータおよび関連製品・サービスの開発・販売・修理・サポートを行う，世界最大級のテクノロジー企業であり，売上高942億ドル，営業利益51億ドル，純利益35億ドル，従業員数16万5,000人である（2020年度末現在）。

　デルのビジネスモデルは，一切の中間業者を排除して，顧客を含むすべてのパートナーが直接的に取り引きするという仕組みからできており，「**ダイレクトモデル**」という名前で呼ばれる（図表終−３）。

　デルの主力商品はパソコン（PC）であるが，従来は，競合する IBM や

図表終−３　デルのビジネスモデル
―PC・プリンタ・液晶 TV など―

（CCC：−40日，日本の電機メーカー平均＋61日）

HP（Hewlett-Packard：ヒューレット・パッカード）にみられるように，製造や販売，物流，代金回収という一連の業務プロセスに，多くの中間業者や代理店が介在していた。

　ビジネスモデルの第一の要素である主要な顧客ターゲットは，個人顧客ではなく，企業や官公庁・大学・研究機関などの法人顧客である。デルにとって，顧客は単に商品・サービスを販売する対象ではなく，重要なパートナーである。顧客は代理店や小売業者を介さず，ネット上からデルに対して直接商品やサービスを発注する。その際，顧客は商品・サービスについての詳細な仕様（スペック）を自ら決定して発注する。発注アイテムはPC本体やモニター，プリンターなどのハードウエアだけでなく，PCに組み込まれるOS（基本ソフト）や各種のアプリケーションソフト，消耗品までが含まれる。

　他方，デルは必要な部品や部材を，第二のパートナーである，主要なサプライヤー（供給業者）に対して直接発注する。サプライヤーは受注後3時間以内にデルの製造拠点に納品することが義務づけられている。主要なサプライヤーは全世界に約300社あるが，すべての企業が期限を守っている。

　こうした驚異的な納品スピードが可能なのは，デルとサプライヤーとに徹底した情報共有が行われているためである。とくに重要な情報は，デルによる市場のニーズに関するデータである。すなわち，デルはサプライヤーに対し，4週間，2週間，1週間という3つのタイムスパン（時間幅）での販売予測データを，常に更新しながら提供する。これによって，サプライヤーは生産計画，仕入計画，従業員配置などの最適化を図ることができ，円滑な期限内の納品が可能になる。

　デルの工場で組み立てられた商品（プリインストールされた各種のソフトを含む）や消耗品の物流を担当するのが第三のパートナーのフェデックス社（Fedex Corporation）である。デルはフェデックスとの間でも，

配送の効率化，最適化のために出荷計画，配送状況，顧客データなどの情報共有を相互にきめ細かく行っている。

　デルの第四のパートナーは取引銀行である。デルと法人顧客との間には継続的な代金決済のための企業間取引口座が開かれる。デルは顧客からの発注（受注）をもとに，取引銀行に取引口座からの代金引き落としを依頼し，銀行は入金手続きが終わるとその情報をデルに報告する。

　ダイレクトモデルによる，発注・受注・製造・配送・代金引き落としという一連の処理の高速化によって，デルのキャッシュフローは極めて潤沢である。実際，同社の **CCC**（**Cash Conversion Cycle：キャッシュ・コンバージョン・サイクル**：現金回収期間＝企業が原材料や商品仕入れなどへ現金を投入してから製品やサービスの販売によって最終的に現金化されるまでの日数。企業の資金効率を表し，小さいほど効率が良い）は，マイナスの40日と驚くほどの効率である（同業種の日本の電機メーカーの場合は平均プラス61日である）。この資金効率の良さと，基本的に在庫をもたない「注文に応じた生産体制」（ビルト・ツー・オーダー）とが相まって，大幅なコスト削減が可能になる。この高いコスト競争力がデルの競争優位性に貢献している。

　デル・ダイレクトモデルの強みは，顧客の相談窓口業務（カスタマーセンター）でも発揮されている。デルのカスタマーセンターは，全世界で24時間，365日オープンしている。法人顧客の場合，PC その他の問題やトラブルは，早急に解決して業務の中断をできるだけ回避したいというニーズが強い。それに応えるのがデルのカスタマーセンターの役割である。

　実は，こうしたサービスが可能なのは，主要な顧客ターゲットが法人顧客だからという面がある。法人顧客は，個人顧客と比較して，PC その他についての習熟度や対応能力が高い。つまり，通常カスタマーセンターに対する問い合わせが多い，初歩的，基礎的な問題は顧客自身が解

決できるため，もともと問い合わせ自体が絞られており，専門的な知識・能力をもった顧客が，カスタマーセンターの専門スタッフと効率的なやり取りができる。

以上のようなダイレクトモデルによって，競争優位性を確立したデルは，2000年代の前半にPC分野で世界トップシェアを獲得することに成功した。

では，いったい，デル・ダイレクトモデルは，どのような独自の顧客価値を提供することができたのであろうか？

第一に，コストパフォーマンスの良いPC及び周辺機器の提供である。ダイレクトモデルの強みはそのスピードと効率性にある。スピードと効率性は，コスト競争力を高め，比較的低価格で高性能の機器の提供を可能にする。

第二に，サプライヤー，物流業者，銀行などのビジネス・パートナーとも，情報共有と取引量の拡大を通して，ウイン・ウイン（win-win：共存共栄）の関係を長期的，安定的に構築することができる。

第三に，顧客価値という観点からは，既に述べたように，顧客がPC環境を切れ目なく，スムーズに利用できるということが重要な価値をもっている。デルは，独自のビジネスモデル全体を通じてこうした途切れのないシームレスな利用環境を提供することに成功している。

ビジネスモデル・イノベーション

デルのビジネスモデルで注目すべき点は，デルの商品自体も，その生産工程も他社と比べて特別に革新的であるわけではないという事実である。デルは商品や生産工程の革新性ではなく，「ダイレクトモデル」というビジネスモデルを革新することによって新たな価値を創造したのであり，それによって顧客の支持を集めることに成功したのである。

革新的な新製品によるイノベーションは，「プロダクト・イノベーシ

ョン」であり，革新的な生産工程によるイノベーションは「プロセス・イノベーション」であるのに対し，デルは事業活動の枠組み自体を革新するという第三のイノベーション，「**ビジネスモデル・イノベーション**」を実現したということができる（図表終－4）。

日本の製造業について，しばしば，「技術で勝ってビジネスで負ける」と言われることがある。いかに技術的に優れていても，それが明確な価値として顧客に提供され，評価されない限り最終的なビジネスの成果を実現することはできない。たとえ技術的なイノベーションでは優位に立っても，ビジネスモデルとしての価値創造という点で負けることになる。半導体，携帯電話，薄型テレビ，太陽光パネルと技術的に先行しながらグローバルなビジネス戦争，シェア競争で負けた例は少なくない。ハイブリッド技術や電気自動車の分野でも，日本のメーカーは今のところ世界をリードしているが，もっとも重要な部品である燃料電池の標準化，規格化争いが世界的な規模で始まっており，米国，ドイツのメーカーに加えて中国が国を挙げて取り組んでいるため予断を許さない状況になっている。

こうした一連の出来事に共通しているのは，優れた技術を活用し，新

図表終－4　21世紀型企業が挑戦すべき4つのイノベーション

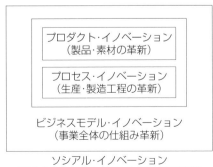

220

たな価値創造につなげる適切なビジネスモデルが構築されていないという事実である。確かに，技術の創成期には，革新的なビジネスモデルが確立されていなくても技術の先導性で一定期間リードすることは可能である。しかし，グローバル市場が立ち上がって，急拡大をとげるようなフェーズに移行するとビジネスモデルの優劣や競争力が勝敗の決め手になる。この場合には，なによりもビジネスモデル自体のイノベーションが求められる。

ビジネスモデル・イノベーションの使命は，新たな顧客価値を創造し，提供することである。顧客価値は顧客の側で生まれる，顧客が評価する価値である。しかし，それはただちに企業が保有し，開発する技術や能力といったシーズよりも，もっぱら顧客ニーズを重視し，優先すべきということを意味するわけではない。顧客は自らの現在及び将来のニーズを常に知っているとは限らないからである。

たとえば，現実に存在しないものや潜在的なニーズは明確に表現すること（言語化・表出化）が困難である。また，顧客価値は必ずしもあらかじめ計算し，評価できるものばかりではない。実際にある商品やサービスが市場に提供されることによって，企業の側にも，顧客の側にも，はじめて明らかになるような価値がある。

もちろん，顧客やユーザーの声に耳を傾けることは重要である。しかし，現実の多くのイノベーションが1回限りの現象というよりは，企業と顧客との一連の相互作用のダイナミックな「共創プロセス」であるということを理解する必要がある。その意味で，ニーズかシーズかという単純な二分法から脱却して，企業と顧客が相互作用を通じて，互いに刺激し合い，共鳴し，進化を促すという関係，すなわち，ビジネスモデル・イノベーションを，企業側を中心に考えるのではなく，顧客を中心とするいろいろなパートナー間のダイナミックな進化関係すなわち「共進化関係」としてとらえるべきであろう。

こうした意味でのビジネスモデル・イノベーションは，場合によって
はひとつのビジネスという領域を超えて，社会的な制度や文化，生活に
おける新たな価値の創造につながる。それは第四のイノベーションとし
て，「**ソシアル・イノベーション**」と呼ぶことができる（図表終−4）。
ヤマト運輸が始めた「宅急便」や楽天やアマゾン，アリババによる「ネ
ット通販事業」は優れた成功事例である。

ビジネスモデルの陳腐化と革新

　大きな成功をおさめた新製品や新生産工程でも，やがて次の革新的な
新製品や新工程に取って代わられる。同様に，いかなるビジネスモデル
も，急激な環境変化のなかで，自らを革新し続けない限り時代遅れにな
る運命を逃れることはできない。

　前述のデルのビジネスモデルの場合，2000年代後半以降，PC市場の
構造的な変化が生じたため，十分に機能しなくなっている。成長する市
場が，法人市場から個人市場に変わったのである。この変化を促したの
がインターネットの普及である。インターネットの普及によって，個人
が家庭やサテライトオフィスでPCを使うことが多くなった。また，配
信型のゲームやエンターテイメントが普及し，個人がLINEやFacebook
（現・メタ・プラットフォームズ）のようなSNS（Social Networking Service）
を利用して情報発信する機会が急増した。個人顧客の多くは，できれば
実際に店頭やショールームでPCの実物を見て，自分で操作する傾向が
強い。

　また，個人顧客は，身近に相談する相手がいないことも多く，いきお
いカスタマーセンターへの問い合わせが増えることになる。その際，大
量の問い合わせの対応に時間が掛かり，技術的な知識が不足しがちなた
め，多くの手間が掛かることになる。結果は，顧客満足度の低下にはね
返ってくる。

さらに，法人顧客はコストパフォーマンスを重視するため，PC の色や形などのデザインにこだわりが少ないのに対し，個人顧客は PC の機能や性能だけでなく，見た目の色や形といったデザインにもこだわりをもつ傾向がある。従来，デルの PC は業務用に特化した黒一色でデザインも洗練されていないという印象が強く，この面でも課題があった。

つまり，デルのビジネスモデルは，こうした市場構造の大きな変化に十分に対応できなくなってきたということができる。そのため，2007年からは競合の HP に世界シェアトップの座を明け渡すことになり，その後中国のレノボにも抜かれてしまった。

こうした状況変化のなかで，デルはダイレクトモデルの見直しに迫られた。2007年に再び CEO に復帰した創業者のマイケル・デル会長は「事業拡大には顧客との接触をできるだけ広げることが必要だ。今後は，事業拡大のためにあらゆる販売形態をとる」と方針転換を明らかにし，直営店の拡充や代理店を通じた間接販売を進めてきている。

デルの事例からも明らかなように，ビジネスモデルは環境変化のなかから生まれ，新たな変化のなかで修正，革新を迫られる。したがって，ビジネスモデルは，たとえ成功している場合でも，定期的に再検討し，必要に応じて適切に修正，革新しなければならない。

ビジネスモデル・キャンバス

企業が既存のビジネスモデルを見直したり，新たに構築したりするために有効なツールとして「**ビジネスモデル・キャンバス**」がある。これは，ビジネスモデルを９つのブロックに分解した上で，それらの関係を体系的にとらえて，ひとつの図として描こうとするものである（図表終－５）。

ビジネスモデル・キャンバスは，建築設計家がひとつの建物を設計する際に描く「基本設計図」にあたる。最初に，自社のビジネスの顧客対

図表終－5　ビジネスモデル・キャンバス
（ビジネス全体の基本設計図）

KP パートナー	KA 主要活動	VP 価値提案	CR 顧客との関係	CS 顧客セグメント
主要なパートナーは？ どのリソースや活動をどのパートナーが担っているか？	価値を提供するのに必要な主要活動はなにか？ 顧客の課題をどうやって解決するか？	顧客にどんな価値を提供するのか？ 独自性のある製品やサービスメニューはなにか？ 圧倒的な優位性はなにか？	顧客はどんな関係を期待しているか？ その関係をどのように構築するのか？	誰のために価値を創造するのか？ 最も重要な顧客はだれか？
	KR 主要資源 価値を提供するために必要な資源はなにか？ 物理的な資源，人的資源，知的・情報的資源，財務的な資源？		**CH チャネル** 顧客にどのようにアプローチするか？ 顧客にどのように価値を届けるか？	

C $ コスト構造	R $ 収益の流れ
特有の最も重要なコストはなにか？ 顧客獲得コスト，流通コスト，人件費，物件費？ どの活動や資源が最も高価か？	顧客はどんな価値にお金を払うのか？ どのように支払うか？ 収益はどのように実現されるのか？

出所）アレックス・オスターワルダー and イヴ・ピニュール『ビジネスモデル・ジェネレーション』
　　　（2012）を一部修正

象（CS：Customer Segments）を明らかにし，その顧客に提供する価値（VP：Value Propositions）を検討する。次に，顧客との関係（CR：Customer Relationships）やアプローチするチャネル（CH：Channels）を設計し，さらに価値を提供するために必要な活動（KA：Key Activities）と必要な資源（KR：Key Resources），ビジネス・パートナーとの関係（KP：Key Partnerships）を検討する。

　以上の7つのブロックが建物の上屋部分であり，最後にビジネス活動の共通の土台となる，コスト構造（C$：Cost Structures）と収益の流れ（R$：Revemue Streams）をデザインする。

　このビジネスモデル・キャンバスの利点は，ビジネスの全体構造を一枚の図として描くことによって，ビジネスの構造全体を見渡すことがで

きるため，関係者のコミュニケーションを促進するだけでなく，異なる
意見やアイデアを交換することによって，より創造的な解を導き出すこ
とができるという点にある。

　しかし，ビジネスモデル・キャンバスでビジネスモデルを描くことに
意味があるとしても，実行することがさらに重要である。とくに新規事
業の場合は，やってみなければわからない要素も多く，俊敏な立ち上げ
と試行錯誤（仮説実験）が求められる。

③ キーエンスのビジネスモデル

　日本企業にも優れたビジネスモデルの構築と運用によって，継続的に
高い成果を実現している例がある。その代表的な事例として「キーエン
ス株式会社」（以下，キーエンス）を取り上げる。

　キーエンスは，創業者の滝崎武光が1974年「リード電機株式会社」と
して創業，大阪市東淀川区東中島に本社を置く，ファクトリー・オート
メーション（FA）の総合メーカーである。主要な商品として，センサー，
測定器，画像処理機器，制御・計測機器などの高付加価値製品の企画開
発・製造・販売を行っている。

　同社の最近の業績を見てみよう。売上高5,381億円，営業利益2,768億円，
営業利益率51.4％，純利益1,973億円，純利益率36.6％，従業員8,380名
（2021年3月期）。

　とくに注目すべきなのはキーエンスの利益率の高さである。本業の儲
けを表す営業利益率は1999年以降23年間にわたって40％以上を維持して
おり，とくに2014〜2020年度までの最近7年間は50％を超えている。こ
れは，日本の製造業の平均4.8％（経済産業省『企業活動基本調査』2019年
度実績）と比べて10倍以上であり，同業種のオムロンの9.5％（2021年3
月期）と比べても5.4倍となっている。なぜキーエンスは驚異的な高収益

を長期間にわたって実現できているのであろうか。

　キーエンスでは，主要な商品グループ別に事業部制が敷かれており，2020年現在，9つの事業部があり，それぞれ商品企画，商品開発，販売促進，営業の4つのグループがある。

　キーエンスの持続的な高い利益率を生み出しているカギは独自のビジネスモデルにある。その特徴は大きく次の4つである。

卓越した企画開発力

　毎年発表される新商品のうち約70％が世界初（または業界初）と言われるように，業界でも突出した企画開発力がキーエンスの高い業績を支えている。同社では商品企画と商品開発とは，異なる役割を期待されている。

　商品企画担当は，顧客の課題解決に役立つ新規商品を考え出すことが役割であり，そのため常に企画案を検討し，抽出し，調査し，まとめ上げるという業務を遂行している。ここでの新規商品とは，キーエンスとしてまだ事業として取り組んだことがない商品であり，付加価値が大きく，将来の成長が見込まれる商品である。しかも，単なる抽象的な商品コンセプトではなく，顧客自身が気づかないような潜在的なニーズに応えることができる具体的な商品の企画が求められる。そのため，商品企画グループは，営業出身者も多く配属されており，現場を熟知した上で，顧客の潜在的な課題を先取りし，技術的な側面だけでなく，売り方までイメージした総合的な企画ができる能力を備えている。その意味で，同社の商品企画は個別の新商品企画を超えて，新事業企画まで踏み込んだ取り組みを担っている。キーエンスでは，**付加価値（役立ち度）**に関する目標として，商品企画段階での「粗利80％」が設定されている。販売価格から製造原価を引いた粗利が80％以上なければ，それは「価値の低い商品」を意味し，市場に出すことは許されない。利益率が低いからで

はなく，顧客や社会への貢献度が低いから出さないのである（延岡・岩崎，1993）。

　他方，商品開発担当の役割は，上述の商品企画担当の原案を基に，いかにして商品化するかや既に商品ラインに組み込まれている既存の商品の機能の強化や高度化を担当することである。しかし，ここでも商品企画部門と同様に，まだ顧客が気づいていないような問題を含めた，顧客の課題解決が大きなテーマになっている。担当は機種別に分かれており，その業務は，技術的な問題の解決，機能仕様の実装，特許による優位性維持，外部技術の活用，原材料のコスト交渉，法律規格の確認など広範な範囲に及んでいる。

　キーエンスの企画開発全体を通じて，かなり重要なプロジェクトでも思い切って若手を抜擢し，任せるというルールが定着している。これは，既成の慣例や常識にとらわれずに新鮮な感覚でイノベーションに挑戦することを促すと同時に，人材の育成・活用という点からも大きな意味をもっている。

コンサルティング営業の現場力

　企画開発部門と並ぶ，キーエンスのもうひとつの柱が営業部門である。同社は，代理店や卸売り業者を経由せず，営業担当者が直接顧客を訪問して販売するという直接販売方式（直販営業）を採用している。同社の営業部門の役割は「コンサルティングセールス」と呼ばれる。営業の目的は，単なる商品の売り込みや受注ではなく，顧客が最適な意思決定をできるように情報提供することとされている。したがって，自社の商品の説明よりも，まず顧客のニーズ（課題）を聴くこと，そしてそのニーズを解決できる方法に焦点を当てている。

　同社の顧客は法人（企業）であり，典型的な B to B（Business to Business）形態のビジネスモデルである。営業は機種別，地域別に担当が決

まっており，特定の顧客の特定の機種については，特定の担当者が責任を負っている。

営業担当は，顧客企業の購買担当だけでなく，直接，ユーザーの現場に入り込み，個々の担当者と面談する。彼らは定期的に現場を訪問することによって，現場で起こっている問題やその背景を理解することに注力している。それによって，顧客の担当者も気づかないような課題や言語化されていないニーズを見つけ出すことができるし，こうした情報は，「ニーズカード」としてまとめられ，定期的に企画開発担当部門に提供されている。

営業担当の目標設定と評価は，半期，四半期，月次で実施されるが，その指標は，受注額や売上高ではなく，営業成果と呼ばれる数値である（次式）。

営業成果＝売上−本社からの仕入れ値

この数値は，通常言われる粗利（付加価値）であり，営業担当があたかも一人の独立した商人であり，会社から商品を仕入れて自分の責任で販売して利益をあげるということを意味している。そうであれば，営業担当者にとって仕入れ値も所与のものではなく，少しでも安くするための取り組みの目標になる。

しかも，結果としての営業成果を問題にする前に，営業担当者の取り組み（施策：事前の企画）が重視される。そのため，営業成果を達成するための具体的な方法や手順，ストーリー作りが求められる。結果を出すためのプロセスがしっかりしているかどうかが問題となるのである。

徹底したファブレス化

キーエンスは自前の工場をもたない，すべての生産を外部に委託するというファブレス化（工場をもたない生産体制）を徹底して進めている。しかも，外注は生産工程を一括して特定の外注先に委ねるのではなく，

素材や部品，技術の特性に応じて，多数の企業（協力会社）に分割して発注している。

　9つの事業部が生産・販売する商品は多岐にわたっており，全社でみると商品カテゴリは13，商品アイテム数は335にのぼる（2021年8月現在）。さらに，毎年相当数の新商品が加わる。こうした多種多様な商品が，自動車・半導体・電子・電気機器・通信・機械・化学・薬品・食品など幅広い業界の世界30万社におよぶ多数の顧客に購入され，使用されている。その結果，同社の個々の商品毎の生産数量はそれほど多くはない。

　これが同社が自社工場をもたない理由である。大量生産品であれば，自社で設備投資を行って，生産設備を所有して生産した方が規模の利益を実現できる。ファブレス化するもうひとつの理由は，生産工程を細分化することによって商品の特性と適合した技術や生産ラインをもった工場（協力会社）を柔軟に選ぶことができる。新商品を製造する際も，自社工場の場合には生産ラインの再編成が必要になり，生産性の悪化やコスト高につながりやすい。さらに，既存の生産体制の存在が制約要因になり，革新的で付加価値の高い新商品企画を妨げる原因になることもある。

　他方，ファブレス化は先端技術やノウハウ，機密情報の外部流出というリスクも生む。キーエンスは，これを一括委託生産ではなく，分散発注方式を採用することによって防止している。

「顧客付加価値」による価格設定

　キーエンスの高収益のもうひとつの理由が，独自の価格設定方法（値決め）にある。多くの企業における商品の価格設定は，**コスト積み上げ方式**と**競合商品比較方式**の組み合わせによって行われている。前者は，商品を生産するのに必要な費用をプロセス毎に計算し，それを足し算することによって総原価を求め，さらに会社としての利益（マージン）を乗せて売り値を決めるものである。後者は，コスト積み上げをベースに

して，競合する他社の商品の価格を参考にして売り値を決めるという考えである。こうした従来型の価格設定方式の場合，コスト（原価）についての意識は生まれるが，自社の商品がどのような価値を顧客に提供するかという，顧客価値の観点が希薄になる。結果として，競合他社と同じような商品，同じような価格設定になり，利益を増やすためにはもっぱらコストの削減だけが目標になってしまう。

　キーエンスの場合は，すべての発想の原点は「**付加価値の最大化**」にある。**付加価値**は，一般的には，生産によって新たに加えられた価値を意味しており，総生産額から原材料費・燃料費・減価償却費などの費用を差し引いた額として算定される。しかし，こうした付加価値のとらえ方は，重要な視点を欠いている。企業が生産した商品は顧客によって購入され，使用されることによって最終的な価値が実現する。つまり，付加価値を増加させるためには，原価を引き下げるだけでなく，それ以上に，顧客価値を高める必要がある。キーエンスの考える付加価値は，自社の活動によって完結するものではなく，顧客が同社の商品を購入，使用することによって生まれるものである。たとえば，顧客がキーエンスのある商品を採用することによって，工場での検査時間が半分で済むようになれば，節約される人件費その他の費用の合計が顧客の付加価値（メリット：役立ち度）になる。

　キーエンスは，商品の開発・生産・販売に関する原価とは関係なく，顧客の側で生まれる付加価値を価格設定の際の基準として設定する。商品の独自性が高く，顧客の課題の解決の効果が大きければ，それだけ高い価格設定が可能になる。高い価格で売れる商品を顧客に提供し，しかもそれをできるだけ少ない資本と人で実現することに挑戦する。

　キーエンスの高収益の源泉が，「良品安価」ではなく，「独自品高価」という価格の決め方にあり，この点で，キーエンスの顧客が消費者（個人顧客）ではなく，企業（法人顧客）であるため，顧客の側で生まれる

付加価値が金額換算しやすいという特徴がある。

キーエンスのビジネスモデルを考える上で，同社の経営理念は非常に重要な意味をもっている。創業以来，「付加価値の最大化」あるいは「最小の資本と人で最大の付加価値をあげる」ということを経営の基本的な理念として掲げている。そして，「付加価値の創造により，社会に貢献する」ことがキーエンスの存在意義であると明言している（中田有社長メッセージ）。

既にみたように，同社の事業部や部門の管理者や担当者の評価にも付加価値の最大化という考え方が共通して使われている。従業員は，常に自分の業務を通じて，付加価値およびその最大化を考えることを求められる。従業員にとって，付加価値とは，顧客に役立つことによってはじめて得られるものである。「すべては付加価値のために」というキーエンスの理念は，「**組織文化**」として会社の隅々まで浸透している。

 4 ビジネスモデルの全体構造

最後にビジネスモデルの全体構造について考えてみよう。既にビジネスモデルを構成する基本的な要素として，第一に主要な顧客（コアカスタマー），第二に中核的な顧客価値（**コアバリュー**），第三に価値提供の基本的なプロセス（**コアプロセス**）があることを指摘した（図表終－2）。しかし，企業がビジネスモデルを通じて持続的・発展的に価値を創出するためには他にもいくつかの重要な要素がある（図表終－6）。

すなわち，コアカスタマーに対して，コアバリューを創出し，基本的な価値提供のプロセスに不可欠な組織的な中核的能力（**コア・コンピタンス**）を明らかにする必要がある。当然のことながら，組織の成果は，

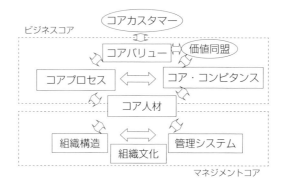

図表終－6　ビジネスモデルの全体構造

その保有する能力，とくに中核的な能力に依存する。コア・コンピタンスとは，組織としての独自の能力であり，「競争優位性の原動力」である。コア・コンピタンスは，通常，複数の要素から構成されるネットワーク状の構造をもっている。そのため，外部からは個々の要素を観察することができたとしても，それらが全体としてもっている関係性の全体構造を把握することは困難である。

　とくに組織としての独自の強みとしてのコア・コンピタンスが，**組織の文化**と強く結びついている場合は，他の組織による模倣はいっそう困難になる。制度やシステムは簡単にコピーできるが，長年の実践によって築かれた組織文化はコピーできないからである。

　キーエンスの例でいえば，コンサルティング営業と商品の企画開発力とが付加価値を生み出すコア・コンピタンスであると考えられている。それは個々の組織メンバーの能力に左右される，それ以上にさまざまな組織的な仕組み（慣習や制度）に大きく依存している。キーエンスでは付加価値を最大化するために，コア・コンピタンスに経営資源を集中し，それ以外の生産のような補完的・補助的機能は外部に依存している。このように外部の資源や能力を積極的に活用するためには，持続的・安定的な協力関係（価値同盟：バリュー・パートナーシップ）を構築し，維持

する必要がある。

さらに，組織としてのコア・コンピタンスを担うべき人材についても考えなければならない。どのように巧みに描かれた設計図も，実際にそれを施工し，運用する人材がいなければ，絵に描いた餅に終わってしまう。重要な点は，**コア人材**が，コア・コンピタンスとの関係で明らかにされなければならないということである。

そして最後に，ビジネスモデルを実現するためのコア人材をどのように育成・活用し，どのようにマネジメントするかという視点から，組織構造や管理システムがデザインされなければならない。とくにこれからのビジネスモデルは，創造性を基盤とする以上，異質で多様な優れた個を重視し，彼らの能力を全面的に活用するような**組織的「包摂力」**(inclusiveness) が不可欠である。

以上のことから，本書でいうビジネスモデルの概念は，製品やサービスをどのようなプロセスで顧客に提供するかといった事業の仕組みや構造（**ビジネスコア**）だけでなく，その仕組みや構造を円滑に機能させるための組織や管理体制（**マネジメントコア**）を含めたビジネスの全体構造を示すものである。

~~《参 考 文 献》~~~~~~~~~~~~~~~~~~~~~~~~~~~~~~~~~~

Osterwalder, A. and Pigneur, Y. (2010) *Business Model Generation: A Handbook for Visionaries, Game Changers, and Challengers*, Wiley. (小山龍介訳〔2012〕『ビジネスモデル・ジェネレーション　ビジネスモデル設計書』翔泳社)

大崎道雄 (2021)『経営者・起業家のためのキーエンス流経営術』Kindle 版, Amazon

寺本義也 (2005)『コンテクスト転換のマネジメント—組織ネットワークによる「止揚的融合」と「共進化」に関する研究』白桃書房

寺本義也・岩崎尚人・近藤正浩 (2011)『ビジネスモデル革命第 3 版』生産性出版

延岡健太郎・岩崎孝明（1993）「キーエンス—驚異的な業績を生み続ける経営哲学」（IIR ケーススタディ）『一橋ビジネスレビュー』56(4)

‥‥《いっそう学習（や研究）をすすめるために》‥‥‥‥‥‥‥‥‥‥‥‥‥‥

ハーバード・ビジネス・レビュー編集部編集，DIAMOND ハーバード・ビジネス・レビュー編集部訳（2020）『ビジネスモデルの教科書』ビジネスモデル論文ベスト11，ダイヤモンド社

　　日本国内では，実務的にはビジネスモデル，学術的にはビジネスシステムとして示されることが多い。ビジネスモデルはその企業独自の競争の仕組みだけでなく，他社との協働の仕組みも含まれる。とくに米国型の競争の仕組みに着目した近年の国外の研究動向が把握できる。

井上達彦（2019）『ゼロからつくるビジネスモデル』東洋経済新報社

　　革新的なビジネスモデルを構築した成功事例の数々を分類し，それらを見本にして，いかにして自社ならではのビジネスモデルを構築していくのかを実践的にかつ理論的に提示している。

《レビュー・アンド・トライ・クエスチョンズ》
　①　ビジネスモデルはなぜ必要でしょうか？
　②　ビジネスモデルデザインで重要なポイントはなんでしょうか？

索　引

編者紹介

寺本義也
てらもとよしや

1942年生まれ

現　職　ハリウッド大学院大学副学長・教授
　　　　1972年早稲田大学大学院商学研究科博士課程修了
　　　　博士（学術）

専　門　経営戦略論，組織論，人材開発論，知識社会システム構築論

主　著　『失敗の本質』（ダイヤモンド社，1984年；共著）
　　　　『ネットワークパワー』（NTT出版，1990年）
　　　　『パワーミドル』（講談社，1992年）
　　　　『戦略の本質』（日本経済新聞社，2005年；共著）
　　　　『コンテクスト転換のマネジメント』（白桃書房，2005年）
　　　　『ビジネスモデル革命［第3版］』（生産性出版，2011年；共著）など多数

大森　信
おおもり　しん

1969年生まれ

現　職　大手前大学 教授
　　　　2001年　神戸大学大学院経営学研究科　博士課程修了
　　　　博士（経営学）

専　門　経営戦略論，経営組織論，経営管理論

主　著　『トイレ掃除の経営学 ─Strategy as Practice アプローチからの研究』（白桃書房，2011年）
　　　　『戦略は実践に従う ─日本企業のStrategy as Practice─』（同文舘出版，2015年；編著）
　　　　『そうじ資本主義 ─日本企業の倫理とトイレ掃除の精神』（日経BP社，2015年）
　　　　『掃除と経営　─歴史と理論から「効用」を読み解く』（光文社，2016年）など多数

21世紀経営学シリーズ 3　**新 経営戦略論〈第3版〉**

2012年10月30日　第1版第1刷発行
2022年1月15日　第3版第1刷発行

編著者　寺本　義也
　　　　大森　　信

発行所　株式会社 学文社

発行者　田中千津子

〒153-0064　東京都目黒区下目黒3-6-1

ISBN 978-4-7620-3120-5　　Tel.03-3715-1501　Fax.03-3715-2012

©2022 TERAMOTO Yoshiya & OMORI Shin　Printed in Japan
乱丁・落丁本は，本社にてお取替致します。　　https://www.gakubunsha.com
定価は，カバーに表示してあります。　　〈検印省略〉印刷／新灯印刷㈱